T0153739

Kohlhammer

Kompass Recht

herausgegeben von Dieter Krimphove

Steuerrecht II: Einkommensteuer

von

Professor Walter Mayer
Duale Hochschule Baden-Württemberg Mannheim

Verlag W. Kohlhammer

Inhalt der beiliegenden CD-ROM:
- Gesetzestexte
- Gerichtsentscheidungen und Verwaltungsanweisungen
- Multiple-Choice-Tests
- Tabellen und Schaubilder
- Interaktive Fälle
- Hörfassung des Buchinhalts in MP3 (DAISY)

Die in dem Werk verwendeten Symbole bedeuten:

 = Prüfungstipps für Studenten

 = Tipps für Praktiker

 = Gesetzestext

 = Weiterführender bzw. ergänzender Text auf der CD-ROM

Alle Rechte vorbehalten
© 2010 W. Kohlhammer GmbH Stuttgart
Gesamtherstellung: W. Kohlhammer Druckerei GmbH + Co. KG, Stuttgart
Printed in Germany

ISBN: 978-3-17-021278-7

Vorwort

Die Reihe Kompass Recht wurde mit dem Ziel geschaffen, Grundlagen, Inhalte und Fragestellungen des Rechts darzustellen, die für Studenten prüfungsrelevant und zugleich für Praktiker im Berufsalltag hilfreich sind. Das Steuerrecht ist auch nach seiner wirtschaftlichen Bedeutung ein wesentlicher Teil dieses Rechts.

Der Band „Steuerrecht II" befasst sich mit der Einkommensteuer. Sie ist die Steuer vom Einkommen der natürlichen Person und beeinflusst die wirtschaftliche und finanzielle Situation von allen Steuern am stärksten. Nach ihrem Aufkommen betrug sie 2008 in den verschiedenen Erhebungsformen mehr als ein Drittel aller Steuereinnahmen. Mit einem Steuersatz bis zu 45 % in einem progressiven Tarif beeinflusst sie alle ökonomischen Entscheidungen. Zu Recht wird sie als „Königin" der Steuern bezeichnet.

Wer immer sich mit dem Thema Steuerrecht befasst, kommt ohne Kenntnisse der Vorschriften der Einkommensteuer nicht aus. Alle Prüfungen im Fach Steuerrecht als Student, angehender Steuerberater, oder Fachanwalt für Steuerrecht enthalten Prüfungen zum Einkommensteuerrecht.

Der vorliegende Band gibt einen Überblick über das Einkommensteuergesetz. Anhand von Tabellen und Beispielen werden die einzelnen Vorschriften des Gesetzes aufbereitet und erläutert. Ergänzt werden die Darstellungen durch eine Einführung in die Besteuerung grenzüberschreitender Sachverhalte, weil in einem sich immer stärker wirtschaftlich verflechtenden Europa ohne Kenntnis der Besteuerung dieser Sachverhalte das Wissen über Steuerrecht unvollständig wäre.

Die Reihe Kompass Recht nutzt konsequent die Möglichkeiten neuer Medien. Das Gesetz und die als Auslegungshilfen herangezogenen Urteile der Finanzgerichte und des Bundesverfassungsgerichts sind im Volltext auf der beigefügten CD nachzulesen. Auch zusätzliche weiterführenden Informationen sind dort zu finden. Für die Ausbildung und zum Test des Wissens sind Multiple-Choice-Tests und interaktiv zu lösende Fälle beigefügt. Die Fälle waren z. T. bereits Gegenstand von Steuerberaterprüfungsklausuren. Ein ausführliches Literaturverzeichnis soll in Einzelfällen zusätzliche Hinweise geben.

Die vorliegende Darstellung verzichtet bewusst auf eine ausführliche Auseinandersetzung mit der Verfassungsmäßigkeit oder der Europatauglichkeit einzelner Vorschriften und belässt es bei Hinweisen an entsprechender Stelle.

Als Steuerberater, der in der Praxis mit dem Gesetz arbeiten muss, und als Professor an der Dualen Hochschule Baden-Württemberg Mannheim ist es mir ein Anliegen, eine Arbeitsgrundlage für die Vorbereitung auf Klausuren und Prüfungen zu schaffen und Hinweise für die Anwendung des Gesetzes in der Praxis zu geben.

Mannheim, im Juni 2010   Walter Mayer

Inhaltsverzeichnis

Abkürzungsverzeichnis

a. a. O.	am angegebenen Ort
Abs.	Absatz
abzgl.	abzüglich
AfA	Absetzung für Abnutzung
AIG	Auslandinvestmentgesetz
AltEinkG	Alterseinkünftegesetz
AO	Abgabenordnung
Art.	Artikel
AStG	Außensteuergesetz
B.	Beschluss
BFH	Bundesfinanzhof
BFH/NV	Zeitschrift
BGB	Bürgerliches Gesetzbuch
BGBl.	Bundesgesetzblatt
BMF	Bundesministerium für Finanzen
BStBl.	Bundessteuerblatt
BVerfG	Bundesverfassungsgericht
DB	Der Betrieb (Zeitschrift)
DBA	Doppelbesteuerungsabkommen
d. h.	das heißt
DStR	Deutsches Steuerrecht (Zeitschrift)
ELSTER	Elektronische Steuererklärung
ErbStG	Erbschaftsteuergesetz
EStDV	Einkommensteuerdurchführungsverordnung
EStG	Einkommensteuergesetz
EStH	Einkommensteuerhinweis(-e)
EStR	Einkommensteuerrichtlinie(-n)
EU	Europäische Union
EWR	Europäischer Wirtschaftsraum
FA	Finanzamt
FamLeistG	Familienleistungsgesetz
GbR	Gesellschaft bürgerlichen Rechts
GewSt	Gewerbesteuergesetz
GG	Grundgesetz

Ggf.	gegebenenfalls
GmbH	Gesellschaft mit beschränkter Haftung
GrS	Großer Senat (des Bundesfinanzhofs)
H	Hinweis
HGB	Handelsgesetzbuch
i. H.	in Höhe
i. H. v.	in Höhe von
i. S.	im Sinne
i. S. v.	im Sinne von
lfd.	laufend, laufendem,laufenden, laufendes
LPartG	Lebenspartnerschaftsgesetz
LStDV	Lohnsteuerdurchführungsverordnung
LStR	Lohnsteuerrichtlinie(-n)
max.	maximal
o. ä.	oder ähnliche
OECD	Organization for Economic Co-Operation and Development
OECD-MA	OECD-Musterabkommen
PKW	Personenkraftwagen
R	Richtlinie
Rn.	Randnummer
RV	Rentenversicherung
S.	Satz
Stkl.	Steuerklasse
Stpfl.	Steuerpflichtige(-r)
StPO	Strafprozessordnung
Urt.	Urteil
UStG	Umsatzsteuergesetz
u. U.	unter Umständen
vgl.	vergleiche
VZ	Veranlagungszeitraum
z. B.	zum Beispiel
z. T.	zum Teil

Literaturverzeichnis

Arndt, Hans-Wolfgang; Jenzen, Holger, Grundzüge des Allgemeinen Steuer- und Abgabenrechts, 2., überarbeite und erweiterte Auflage, München 2005.

Beeck, Volker, Grundlagen der Steuerlehre, 4., überarbeite Auflage, Wiesbaden 2007.

Benecke, Andreas, Entstrickung und Verstrickung bei Wirtschaftsgütern des Privatvermögens, Verhältnis zu den Gewinnkorrekturvorschriften und Auswirkungen auf die Betriebsstättenbesteuerung, NWB Fach 3, Seite 14733–14756.

Benecke, Andreas, Entstrickung und Verstrickung bei Wirtschaftsgütern des Privatvermögens, Wegzug eines Gesellschafters und einer Gesellschaft, NWB Fach 3, Seite 14757–14770.

Bergkemper, Winfried, Lohnsteuer-Merkblatt 2010, DB 12/2010 Beilage 2, 1–72.

Beyer-Petz, Ines; Ende, Claudia, Das Faktorverfahren, DStR 50/2009, Seite 2583–2587.

Birk, Dieter, Steuerrecht, 12., neu bearbeitete Auflage, Heidelberg 2009.

Birk, Dieter, Verfassungsfragen im Steuerrecht – Eine Zwischenbilanz, nach den jüngsten Entscheidungen des BFH und des BVerfG, DStR 18/2009, Seite 877–882.

Birk, Dieter; Wernsmann, Rainer, Klausurenkurs im Steuerrecht, 2., völlig neu bearbeitete und erweiterte Auflage, Heidelberg 2009.

Birnbaum, Mathias, Keine Vererbung von Verlusten, DB 15/2008, Seite 778–781.

Brockmann, Kai/Hörster, Ralf, Bundeskabinett verabschiedet Entwurf zum Jahressteuergesetz 2009, NWB, 14/2008, 2591–2604 (Teil 1), NWB 14/2008, 2695-2710 (Teil 2).

Bundesfinanzministerium, Berücksichtigung von Aufwendungen für den Unterhalt von Personen im Ausland als außergewöhnliche Belastung nach § 33a Absatz 1 EStG, BMF-Schreiben v. 7.6.2010 – IV C 4-S 2285/07/006:001, Internetseite des BMF.

Bundesfinanzministerium, Allgemeine Hinweise zur Berücksichtigung von Unterhaltsaufwendungen nach § 33a Absatz 1 EStG als außergewöhnliche Belastung, BMF-Schreiben v. 7.6.2010 – IV C 4-S 2285/07/006:001, Internetseite des BMF.

Campenhausen, Otto von, Steuerrecht im Überblick, Stuttgart 2008.

Ditz, Xaver; Schneider, Markus, Änderung des Betriebsstättenerlasses durch das BMF-Schreiben vom 25.8.2009, DStR 3/2010, Seite 81–87.

Dommermuth, Thomas; Hauer, Michael, Auswirkungen des Bürgerentlastungsgesetzes auf die Versorgungsaufwendungen im Einkommensteuerrecht, DB 47/2009, Seite 2512–2515.

Ebner, Christian, Umsetzungsprobleme bei der Abgeltungsteuer, NWB Fach 3, Seite 15139–15164.

Ehehalt, Richard, Rechtsschutz in Steuersachen – Einkünfte aus nichtselbständiger Arbeit und Erhebung der Steuer vom Arbeitslohn (Lohnsteuer), DB 39/2006, Beilage 6, Seite 4–15.

Eisgruber, Thomas; Schallmoser, Ulrich, Einkommensteuerrecht, Köln, 2008.

Ettlich, Ronald, Die gesonderte Feststellung des verbleibenden Verlustvortrags zur Einkommensteuer, DB 01/02/2009, Seite 18–25.

Falkner, Melanie, Die Einkunftserzielungsabsicht im Spannungsfeld von Dogmatik und Praxis, DStR 16/2010, Seite 788–792.

Fischer, Gerd, Außergewöhnliche Belastungen, NWB Fach 3, Seite 15277–15312.

Fischer, Peter, Gedankensplitter zu den Typen „Gewerbebetrieb" und „Vermögensverwaltung", DStR 9/2009, Seite 398–400.

Förster, Ursula, Anrechnung der Gewerbesteuer auf die Einkommensteuer nach der Unternehmenssteuerreform 2008, DB 14/2007, Seite 760–764.

Gemmel, Heiko; Hoffmann-Fölkersamb, Peter, Die Abgeltungsteuer, NWB Fach 3, Seite 14695–14708.

Görke, Roger, Einkommensteuer und objektives Nettoprinzip, DStR 34/2009, Beihefter Seite 106–109.

Gosch, Dietmar, Vielerlei Gleichheiten – Das Steuerrecht im Spannungsfeld von bilateralen, supranationalen und verfassungsrechtlichen Anforderungen, DStR 36/2007, Seite 1553–1561.

Gragert, Katja; Wißborn, Jan-Peter, Die Thesaurierungsbegünstigung nach § 34a EStG, NWB Fach 3, Seite 14621–14652.

Gragert, Katja; Wichert, Silke, Abgrenzung gewerblicher Einkünfte von Einkünften aus selbständiger Arbeit. NWB Fach 3, Seite 15083–15100.

Grün, Theresa, Die Absetzbarkeit von Vorsorgeaufwendungen nach dem Bürgerentlastungsgesetz Krankenversicherung, DStR 29/2009, Seite 1457–1461.

Herzig, Norbert; Lochmann, Uwe, Das Grundmodell der Besteuerung von Personenunternehmen nach der Unternehmenssteuerreform, DB 11/2000 Seite 540–545.

Herzig, Norbert; Joisten, Christian; Vossel, Stephan, Die Vermeidung der Doppelbelastung mit ESt und ErbSt nach Einführung des § 35b EStG, DB 12/2009, Seite 584–592.

Heuermann, Bernd, Altersvorsorgeaufwendungen und objektives Nettoprinzip, DB 13/206, Seite 688–62.

Jahn, Ralf, Überblick zur steuerlichen Abgrenzung zwischen freiberuflicher und gewerblicher Tätigkeit, DB 13/2005, Seite 692–694.

Jakob, Wolfgang, Einkommensteuer, 4., völlig überarbeite Auflage, München 2008.

Kirchhof, Gregor, Der qualifizierte Gesetzesvorbehalt im Steuerrecht, DStR 49/2009, Beihefter.

Lehner, Moris, Die verfassungsrechtliche Verankerung des objektiven Nettoprinzips, DStR 5/2009, Seite 185–197.

Lüdicke, Jürgen, Probleme der Besteuerung beschränkt Steuerpflichtiger im Inland, DStR 17/2008, Beihefter Seite 25–34.

Melchior, Jürgen, Das Jahressteuergesetz 2009 im Überblick, DStR 1–2/2009, Seite 4–14.

Memento-Redaktion, Steuerrecht für die Praxis 2006, Freiburg 2006.

Merkt, Albrecht, Leitsätze für eine freiheits- und gleichheitsgerechte Einkommensteuer bei Ehe und Familie, DStR 44/2009, Seite 2221–2226.

Myßen, Michael; Wolter, Thomas, Neuordnung des Sonderausgabenabzugs für sonstige Vorsorgeaufwendungen, NWB Fach 3, Seite 15693–15726.

Moog, Rüdiger, Die „Vererblichkeit" von Verlusten im Rahmen der Zusammenveranlagung, DStR 22/2010, Seite 1122–1123.

Nacke, AloisTh. Die einkommensteuerlichen Änderungen durch das Jahressteuergesetz 2009, DB 51/52/2008, 2792.

Nawrath, Axel, Entscheidungskompetenz des Gesetzgebers und gleichheitsgerechte Sicherung des Steueraufkommens, DStR 1–2/2009, Seit 2–4.

Niemeier, Gerhard; Schlierenkämper, Klaus-Peter; Schnitter, Georg; et al., Einkommensteuer, 22. Aufl., Achim 2009.

Odenthal, Reiner; Seifert, Michael, Auswirkungen der Entscheidung des BVerfG zur sog. Pendlerpauschale, DStR 5/2009, Seite 201–207.

Pezzer, Heinz-Jürgen, Subjektive Merkmale für das Erzielen von Einkünften, DStR 39/2007, Beihefter Seite 16–19.

Plenker, Jürgen; Schaffhausen, Heinz-Willi, Steuerermäßigungen für haushaltsnahe Dienstleistungen und Handwerkerleistungen ab 2009, DB 05/2009, Seite 191–197.

Rick, Eberhard; Gierschmann, Thomas; Gunsenheimer, Gerhard; et al., Lehrbuch Einkommensteuer, 15., überarbeitete und aktualisierte Auflage, Herne 2008.

Risthaus, Anne, Ist das Rechtsinstitut der unentgeltlichen Vermögensübergabe gegen Versorgungsleistungen noch praktikabel, DB 05/2007, Seite 240–248.

Risthaus, Anne, Beschränkte Abziehbarkeit von Altersvorsorgeaufwendungen und übrigen Vorsorgeaufwendungen verfassungsgemäß, DB 03/2010 Seite 137-139.

*Risthaus, Anne;*Begünstigte Vermögensübergaben gegen Versorgungsleistungen (Teil), *DB 14/2010, Seite 744–750.*

*Risthaus, Anne;*Begünstigte Vermögensübergaben gegen Versorgungsleistungen (Teil II), *DB 15/2010, Seite 803–811.*

Rosenbaum, Gerlinde; Dorn, Eckhard, Einkommensteuer Handausgabe 2008.

Schaffhausen, Heinz-Willi; Plenker, Jürgen, Faktorverfahren anstelle von Steuerklassenkombination III/IV bei Ehegatten, DB 41/2009, Seite 2178–2182.

Scheffler, Wolfram, Besteuerung von Unternehmen I, 11., neu bearbeitete Auflage, Heidelberg, 2009.

Schmidt, Ludwig, Einkommensteuergesetz, 28., völlig neu bearbeitete Auflage, München 2009.

Schmidt, Volker; Schwind, Heike, Vermögensübergabe gegen Versorgungsleistungen nach dem JStG 2008 in NWB Fach 3 Seite 14887–14894.

Schönwald, Stefan, Besteuerung der Anteilseigner einer Kapitalgesellschaft, Steuer und Studium, 11/2008, 524–532.

Siegel, Theodor; Diller, Markus, Fünftelregelung und Progressionsvorbehalt, DStR 5/2008, Seite 178–182.

Söffing, Günter, Die Angleichung des Werbungskostenbegriffs an den Betriebsausgabenbegriff, DB 42/1990, Seite 2086–2088.

Söffing, Matthias; Worgulla, Niels, Gewinnbegriff des § 34a EStG, NWB Fach 3, Seite 15475–15491.

Spindler, Wolfgang, Einkünfteerzielungsabsicht bei Vermietung und Verpachtung, DB 04/2007, Seite 185–190.

Tipke/Kruse, Abgabenordnung, Finanzgerichtsordnung, 16.Aufl, Köln 1996.

Tipke, Klaus; Lang, Joachim, Steuerrecht, 19. völlig neu überarbeite Auflage, Köln 2008.

Tipke, Klaus, Verteidigung des Nettoprinzips, DB 06/2008, Seite 263–265.

Volk, Gerrit, Die Überschussrechnung nach § 4 Abs. 3 EStG, DB 35/2003, Seite 1871–1875.

Wenzel, Sebastian, Die eingetragene Lebensgemeinschaft im Steuerrecht, DStR 47/1009, Seite 2403–2408.

Wernsmann, Rainer, Die Einschränkung des Werbungskosten- und Betriebsausgabenabzugs im Zusammenhang mit Pendlerpauschale, Arbeitszimmer, Alterseinkünften und Abgeltungssteuer, DStR 17/2008, Beihefter Seite 37–48.

Wernsmann, Rainer, Einkommensteuer und objektives Nettoprinzip, DStR 34/2009, Beihefter Seite 101–106.

1. Kapitel   Einleitung

I.   Rechtsgrundlagen und Dogmatik der Einkommensteuer

Die Einkommensteuer ist eine **Personensteuer.** Steuersubjekt und Steuer- **1**
schuldner ist die natürliche Person von der Vollendung der Geburt bis zum Tod
(§ 1 Abs. 1 S. 1 EStG).

Beispiel: **2**
A vererbt seinem vierjährigen Kind ein Mietwohnhaus.
Das geschäftsunfähige Kind ist einkommensteuerpflichtig i. S. des § 1 EStG.
Eine Veranlagung ist durchzuführen. Bei der Erfüllung der steuerlichen
Pflichten wird das Kind von seinen Eltern (oder anderen gesetzlichen Vertre-
tern) vertreten.

Juristische Personen (insbesondere Kapitalgesellschaften wie Aktiengesell- **3**
schaften, Gesellschaften mit beschränkter Haftung und Genossenschaften aber
auch sonstige juristische Personen) fallen nicht unter das Einkommensteuergesetz. Sie können allenfalls Steuersubjekte des Körperschaftsteuergesetzes
sein. Personengesellschaften des Handelsrechts und Gesellschaften des bürgerlichen Rechts unterliegen ebenfalls nicht der Einkommensteuer. Die Personengesellschaft ist jedoch insoweit Steuersubjekt, als sie in der Einheit der Gesellschafter steuerbare Tatbestände verwirklicht, die den Gesellschaftern für deren
Einkommensteuer zuzurechnen sind. *(Die Besteuerung der Gesellschafter von
Personengesellschaften wird in Rn. 67 dargestellt.)*

Nach dem **Grundsatz der Individualbesteuerung** sind die Bemessungsgrund- **4**
lage und der Tarif auf die natürliche Person zu beziehen. Ehegatten sind jeder
für sich Steuersubjekt. *(Die Besteuerung von Ehegatten und Kinder ist in Rn. 185–
214 dargestellt.)*

Aus dem Grundsatz der Individualbesteuerung folgt, dass jede Person (nur) die **5**
von ihr erwirtschafteten Einkünfte zu versteuern hat. Eine Übertragung von
Einkunftsquellen ist demnach grundsätzlich nicht möglich.

Diesem Prinzip folgt auch die Rechtsprechung des BFH mit der Versagung einer Weitergabe von Verlusten, eines Erblassers auf seine Erben (BFH GrS B. v. 17.12.2007, GrS 2/04, BStBl. II 2008, 608)

Mit dem Grundsatz der Individualbesteuerung ist eine intersubjektive Korrespondenz steuerabzugsfähiger Ausgaben und entsprechender steuerpflichtigen Einnahmen prinzipiell nicht zu vereinbaren. Der Gesetzgeber hat eine Korrespondenz nur in engen, im Gesetz ausdrücklich genannten Ausnahmen zugelassen (z. B. bei §§ 9 Abs. 1 S. 3 Nr. 1; § 10 Abs. 1 Nr. 1, Nr. 1a, Nr. 1b; § 22 Nr. 1a–1c EStG).

6 **Steuergegenstand** ist das auf sieben Einkunftsarten festgelegte Einkommen. Die Bemessungsgrundlage der Steuer ist aber nicht allein das Erwerbseinkommen, sondern nur das für die Steuerzahlung **disponible Einkommen**. Die Bemessungsgrundlage der Einkommensteuer ist deshalb zweistufig aufgebaut (Lang in Tipke/Kruse Steuerrecht § 9 Rn. 41). Besondere Umstände, die die wirtschaftliche Leistungsfähigkeit beeinträchtigen (z. B. Familienstand, Alter, außergewöhnliche Belastungen), werden durch private Abzüge berücksichtigt.

7 Die deutsche Einkommensteuer wird geprägt vom:
- **Universalitätsprinzip**   Alle natürlichen Personen werden von der Besteuerung erfasst.
- **Totalitätsprinzip**   Die Besteuerung erfasst das gesamte disponible Einkommen.

8 Nach der Art des Steuertarifs wird unterschieden:
- **Synthetische Einkommensteuer** Die Gesamtheit aller Einkünfte wird synthetisch einem einheitlichen Steuersatz unterworfen.
- **Analytische Schedulensteuer**   Die Einkünfte werden unterschiedlich nach der Art der Einkunftsquelle (z. B. Arbeitseinkommen, Zinseinkünfte) besteuert.

9 Die deutsche Einkommensteuer folgt den Grundsätzen einer synthetischen Einkommensteuer. Der Grundsatz wird allerdings an vielen Stellen durchbrochen, letztlich mit der Einführung einer Abgeltungssteuer auf Kapitalerträge mit einem deutlich niedrigeren Tarif gegenüber anderen Einkunftsarten.

Der **Einkommensteuertarif ist progressiv** gestaltet. Die Tarifprogression wird **10** begründet mit einer Gesellschaftspolitik, die sozialstaatliche Umverteilungsgerechtigkeit verwirklichen will (Lang in Tipke/Lang a. a. O. § 9 Rn. 2).

Der nach dem Einkommensteuergesetz Steuerpflichtige ist auch gleichzeitig **11** der wirtschaftliche Träger der Steuer. Die Einkommensteuer ist damit eine **direkte Steuer.**

Die Einkommensteuer ist eine **Veranlagungssteuer.** Der einzelne Steuerpflich- **12** tige wird nach Ablauf eines Kalenderjahres mit dem Einkommen veranlagt, das er im abgelaufenen Veranlagungszeitraum erzielt hat. Die anderen Steuern vom Einkommen, Lohnsteuer, Kapitalertragsteuer und Bauabzugsteuer sind lediglich besondere Erhebungsformen der Einkommensteuer.

Die Einkommensteuer ist eine **nicht abzugsfähige Steuer.** Sie gehört zu den **13** Aufwendungen der Lebensführung und darf weder bei den einzelnen Einkunftsarten noch als private Belastung abgezogen werden (§ 12 Nr. 2 EStG).

Die **Verwaltung** der Einkommensteuer obliegt den Landesfinanzbehörden. **14** (Art. 108 Abs. 2 und 3 GG). Für die Zuständigkeit gelten die §§ 16–29 AO.

Die Rechtsgrundlagen für die Besteuerung ergeben sich aus dem **Einkommen- 15 steuergesetz (EStG)** und der **Einkommensteuerdurchführungsverordnung (EStDV).** Ergänzend gelten die Vorschriften der Abgabenordnung und des Finanzverwaltungsgesetzes, soweit das Einkommensteuerrecht keine besonderen Regelungen enthält. Einkommensteuerliche Regelungen enthalten auch andere Gesetze, z. B. das Fördergebietsgesetz, das Investitionszulagengesetz, das Außensteuergesetz, das Umwandlungssteuergesetz oder die Doppelbesteuerungsabkommen.

Die Anweisungen zur Anwendung des Gesetzes sind in den **Einkommen- 16 steuerrichtlinien (EStR)** und den **Lohnsteuerrichtlinien (LStR)** zusammengefasst. Die Richtlinien behandeln Zweifelsfragen und Auslegungen, um eine einheitliche Anwendung der Vorschriften durch die Finanzverwaltung sicherzustellen. Ergänzt werden die Richtlinien durch Hinweise im ESt-Handbuch (EStH).

Die Richtlinien und die Hinweise binden nur die Finanzverwaltung in der Anwendung des Steuerrechts.

II. Geschichte der Einkommensteuer

17   *(Die folgende Darstellung folgt in verkürzter Form der Beschreibung durch Lang in Tipke/Lang Steuerrecht § 9 Rn. 5–7)*

18   Die erste in Kraft getretene Steuer auf ein Gesamteinkommen entstand in England 1799 durch William Pitt d. J. als Kriegssteuer im Kampf gegen Napoleon. Auch die Einkommensteuer in Deutschland wurde als Kriegssteuer durch Freiherr vom Stein 1806 propagiert. Diese progressive Steuer wurde auf das vom Steuerpflichtigen selbst zu deklarierende Gesamteinkommen erhoben. Diese Steuer wurde nach dem Sieg über Napoleon wegen des großen Steuerwiderstandes und der verbreiteten Unehrlichkeit bei der Steuerdeklaration in Preußen wieder abgeschafft und 1820 durch eine Klassensteuer ersetzt, die die Steuerpflicht nach äußeren Wohlstandsmerkmalen bestimmte. 1851 wurde die Klassifizierung auf öffentlich eingeschätzte Einkommen umgestellt. Mit der Steuerreform durch den preußischen Finanzminister wurde mit der Einführung einer progressiven Gesamteinkommensteuer 1851 das noch heute geltende Prinzip der Besteuerung nach der wirtschaftlichen Leistungsfähigkeit installiert. Die Progression war damals mit Steuersätzen von 0,67 % bis 4 % äußerst bescheiden. Der Spitzensteuersatz einschließlich der Kommunalsteuern betrug damals 12 %.

19   Nach dem Ersten Weltkrieg ging die Steuerkompetenz auf das Deutsche Reich über. Im Zuge der von Matthias Erzberger geschaffenen Steuerreform wurde 1920 das erste Reichseinkommensteuergesetz mit einer Progression von 10 % – 60 % erlassen. Mit dem danach folgendem Reichseinkommensteuergesetz von 1925 wurde die Steuerpflicht an den Wohnsitz und den gewöhnlichen Aufenthalt anstelle der Staatsangehörigkeit geknüpft. Das Gesetz erweiterte und präzisierte die steuerpflichtigen Einkunftsarten. Durch das Reichseinkommensteuergesetz von 1934 wurde damals bereits die Gesetzesstruktur des noch heute geltenden Steuerrechts geschaffen. Diese Grundstruktur mit subjektiver Steuerpflicht, den Einkunftsarten, der Ermittlung der Einkünfte, Sonderausgaben und außergewöhnlichen Belastungen wurde in den folgenden Änderungen des Einkommensteuergesetzes nicht mehr grundsätzlich geändert. Nach Meinung von Lang (in Tipke/Lang, a. a.O., § 9 Rn. 7) gab es seitdem keine große Reform der Einkommensteuer mehr. *„Daher hat sich der rechtliche Zustand des Einkommensteuergesetzes seit 1934 durch die Steueränderungsgesetzgebung kontinuierlich verschlechtert.“*

Das erste Einkommensteuergesetz der Bundesrepublik Deutschland wurde **20** nach der Währungsreform durch das Gesetz zur vorläufigen Neuordnung von Steuern vom 22.6.1948 geschaffen. Die letzte Neufassung des Gesetzes erfolgte am 8.10.2009, BStBl. 2009 I S. 1346 . Sie berücksichtigt die Änderungen bis zum Ende der letzten Legislaturperiode.

III. Bedeutung der Einkommensteuer

Die Einkommensteuer ist eine **Gemeinschaftssteuer.** Das Aufkommen der Ein- **21** kommensteuer steht dem Bund und den Ländern gemeinsam zu. Bund und Länder sind je zur Hälfte beteiligt (Art. 106 Abs. 3 GG). Die Gemeinden erhalten nach Art. 106 Abs. 5 GG einen Anteil. Dieser Anteil beträgt 15 % des Aufkommens der Lohnsteuer und der veranlagten Einkommensteuer und einen Anteil von 12 % am Aufkommen der Kapitalertragsteuer nach §§ 43 Abs.1 Satz 1 Nr. 6, 7 und 8 bis 12, sowie Satz 2 EStG.

Die Einkommensteuer ist eine wichtige Einnahmequelle des Bundes, der Län- **22** der und der Gemeinden. Die kassenmäßigen Einnahmen aus den Steuern vom Einkommen (Lohnsteuer, veranlagte Einkommensteuer und den nicht veranlagten Steuern vom Ertrag) betrugen 2008 204,6 Mrd. €, das waren 36,5 % der gesamten Steuereinnahmen von 561,2 Mrd. €.

IV. Ermittlungsschema der Einkommensbesteuerung

Das Einkommensteuerrecht beantwortet vier Fragen:
1. Wer hat Steuern zu zahlen (persönliche Steuerpflicht)?
2. Welches Einkommen unterliegt der Besteuerung (Objekt der Besteuerung)?
3. Was mindert die steuerliche Bemessungsgrundlage (steuerliche Abzüge)?
4. Wie wird die zu entrichtete Steuer berechnet (Veranlagung, Tarif)?

23 Die folgende Darstellung (*in Anlehnung an Memento Steuerrecht für die Praxis 2006 Rn. 2*) fasst die Einkommensteuerermittlung vereinfachend tabellarisch zusammen:

24 **Tab. 1:**   Einkommensteuerermittlung

Persönliche Steuerpflicht	Unbeschränkt	
	Beschränkt	
Sachliche Steuerpflicht		Einkünfte aus Land- und Forstwirtschaft
	+/−	Einkünfte aus Gewerbetrieb
	+/−	Einkünfte aus selbständiger Tätigkeit
	+/−	Einkünfte aus nichtselbständiger Arbeit
	+/−	Einkünfte aus Vermietung und Verpachtung
	+/−	Einkünfte aus Kapitalvermögen
	+/−	Sonstige Einkünfte
	=	Summe der Einkünfte
Steuerliche Abzüge	−	Altersentlastungsbetrag
	−	Freibetrag für Land- und Forstwirte
	−	Entlastungsbetrag für Alleinerziehende
	=	Gesamtbetrag der Einkünfte
	−	Verlustabzug
	−	Sonderausgaben
	−	Außergewöhnliche Belastungen
	=	Einkommen
	−	Kinderfreibetrag
	−	Härteausgleich
	=	zu versteuerndes Einkommen
Ermittlung der Steuer	Veranlagung	
	Tarif	

→ Berechnungsschema nach den Einkommensteuerrichtlinien R 2 Abs. 1 EStR

2. Kapitel **Steuerpflicht**

I. Persönliche Steuerpflicht (§§ 1, 1a EStG)

Das Einkommensteuergesetz unterscheidet: **25**
- unbeschränkte Steuerpflicht (§ 1 Abs. 1 EStG),
- erweiterte unbeschränkte Steuerpflicht (§ 1 Abs. 2 EStG),
- fiktiv unbeschränkte Steuerpflicht (§ 1 Abs. 3 EStG),
- beschränkte Steuerpflicht (§ 1 Abs. 4 EStG),
- erweiterte beschränkte Steuerpflicht (§ 2 Abs. 1 S.1 AStG).

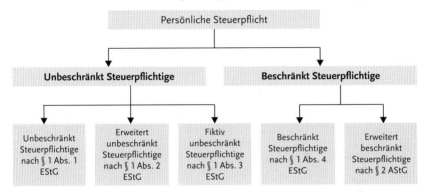

Abb. 1: Persönliche Steuerpflicht

Die Einkommensteuer ist eine Personensteuer, daher ist vor der Prüfung der **26** sachlichen Steuerbemessungsgrundlage zu prüfen, wer als Person Steuerschuldner ist.

Unterschiede der Besteuerung ergeben sich durch den sachlichen Umfang der **27** Besteuerung, dem Grundsatz der Bruttobesteuerung mit eingeschränkter Berücksichtigung von persönlichen Abzügen bei beschränkter Steuerpflicht, bei der Anwendung der Tarifvorschriften und von Freibeträgen. *(Die Besteuerung von beschränkt steuerpflichtigen Personen wird in Rn. 46 beschrieben.)*

1. Wohnsitzprinzip. Die Einkommensteuerpflicht wird durch das international **28** übliche Wohnsitzprinzip abgegrenzt (Lang in Tipke/Kruse a. a. O. § 9 Rn. 25).

Der Wohnsitz oder der gewöhnliche Aufenthalt bestimmt dabei nicht nur die Person des Steuerschuldners, sondern auch den Umfang der Steuerpflicht.

29   **a) Wohnsitz (§ 8 AO).** Das Steuerrecht hat in § 8 AO einen eigenen vom bürgerlichen Recht (§§ 7–11 BGB) abweichenden Wohnsitzbegriff entwickelt. § 8 AO lautet:

§ „Einen Wohnsitz hat jemand dort, wo er eine Wohnung unter Umständen innehat, die darauf schließen lassen, dass er die Wohnung beibehalten und benutzen wird."

30   Der steuerrechtliche Wohnsitzbegriff unterscheidet sich vom bürgerlich-rechtlichen Wohnsitzbegriff dadurch, dass er nicht auf den (rechtsgeschäftlichen) Willen des Steuerpflichtigen, sondern ausschließlich auf die tatsächliche Gestaltung abstellt und an äußere Merkmale anknüpft. Dies ist gerechtfertigt, weil auch der Steueranspruch (entsprechend § 3 Abs. 1 AO) allein dadurch entsteht, dass die objektiven Tatbestandsmerkmale verwirklicht werden, an die das Gesetz die Steuerpflicht knüpft, ohne Rücksicht darauf, ob der subjektive Wille des Steuerpflichtigen auf das steuerliche Ergebnis gerichtet ist (vgl. zu §§ 8 und 9 AO die Ausführungen bei Kruse in Tipke/Kruse Abgabenordnung § 8 und 9).

31   Eine „**Wohnung**" setzt voraus, dass zum dauerhaften Wohnen geeignete Räumlichkeiten vorhanden sind. „**Innehaben**" bedeutet, dass der Steuerpflichtige über die Räumlichkeiten tatsächlich verfügen kann und sie als Bleibe entweder ständig oder doch mit einer gewissen Regelmäßigkeit aufsucht. Das Innehaben muss geschehen unter (objektiv erkennbaren) „**Umständen**", die darauf schließen lassen, dass ihr Inhaber die Wohnung beibehalten und benutzen wird.

32   **b) Gewöhnlicher Aufenthalt.** § 9 S. 1 AO lautet:

§ „Einen gewöhnlichen Aufenthalt hat jemand dort, wo er sich unter Umständen aufhält, die erkennen lassen, dass er an diesem Ort nicht nur vorübergehend verweilt."

33   Ein Aufenthalt von mehr als sechs Monaten gilt stets als gewöhnlicher Aufenthalt, wenn er nicht ausschließlich aus privaten Zwecken (Besuchszwecke, Erholungszwecke, Kuren) begründet ist, aber nicht länger als ein Jahr dauert.

Ein Steuerpflichtiger kann nach diesen Merkmalen mehrere Wohnsitze z. T. auch im Ausland haben. Zur Lösung der Konkurrenz zwischen den dann mehrfach entstehenden persönlichen Anknüpfungspunkten hält das Steuerrecht Regelungen in der Abgabenordnung (für die räumliche Zuständigkeit in §§ 11 ff. AO und die Doppelbesteuerungsabkommen) bereit.

Beispiel: **34**
Ein Steuerpflichtiger hat eine Wohnung in München und eine Wohnung in Luzern (Schweiz).
Der Steuerpflichtige ist unbeschränkt einkommensteuerpflichtig i. S. des § 1 Abs. 1 EStG.

(Die Besteuerung zur Einkommensteuer und die Maßnahmen zur Vermeidung einer Doppelbesteuerung werden in Rn. 394–402 dargestellt)

2. Unbeschränkte Steuerpflicht (§ 1 Abs. 1 EStG). Natürliche Personen, die im **35** Inland einen Wohnsitz oder ihren gewöhnlichen Aufenthalt haben, sind unbeschränkt einkommensteuerpflichtig (§ 1 Abs. 1 S. 1 EStG). Die unbeschränkte Einkommensteuerpflicht erstreckt sich auf sämtliche Einkünfte. Es gilt das Prinzip der **Besteuerung des Welteinkommens.** Ob die Einkünfte aus dem Inland oder aus dem Ausland stammen, ist dabei ohne Bedeutung, ebenso, ob die Einkünfte im Ausland bereits besteuert worden sind. Das Prinzip der Besteuerung des Welteinkommens wird allerdings eingeschränkt durch Doppelbesteuerungsabkommen *(vgl. hierzu die Ausführungen Rn. 396).*

3. Erweiterte unbeschränkte Steuerpflicht (§ 1 Abs. 2 EStG). Unbeschränkt ein- **36** kommensteuerpflichtig sind nach § 1 Abs. 2 S. 1 EStG auch deutsche Staatsangehörige, wenn sie (ohne einen Wohnsitz in Deutschland zu haben) zu einer inländischen juristischen Person des öffentlichen Rechts (z. B. Bund, Länder, Gemeinden, öffentlich rechtliche Religionsgemeinschaften, Universitäten, Rundfunk- und Fernsehanstalten) in einem aktiven Dienstverhältnis stehen und dafür Arbeitslohn aus einer öffentlichen Kasse beziehen. Dies betrifft vor allem Bedienstete mit diplomatischen Status.

Die erweiterte unbeschränkte Steuerpflicht tritt nach § 1 Abs. 2 S. 2 EStG nur **37** ein, wenn die Person in dem Staat ihres Wohnsitzes oder gewöhnlichen Aufenthalts lediglich in einem Umfang zur Steuer herangezogen wird, der einer beschränkten Einkommensteuerpflicht ähnlich ist.

38   Die erweiterte unbeschränkte Steuerpflicht erstreckt sich auch auf deren **Angehörige** i. S. von § 15 AO, die zu ihrem Haushalt gehören und die deutsche Staatsangehörigkeit besitzen.

39   Hinsichtlich des Umfangs der Besteuerung bestehen grundsätzlich keine Unterschiede zur unbeschränkten Steuerpflicht.

40   **4. Fiktiv unbeschränkte Steuerpflicht (§§ 1 Abs. 3, 1a EStG). – a) Grenzpendlerbesteuerung (§ 1 Abs. 3 EStG).** Auch natürliche Personen, die weder einen Wohnsitz im Inland haben noch ihren gewöhnlichen Aufenthalt, und daher eigentlich nur beschränkt einkommensteuerpflichtig sind, werden nach einem entsprechenden Antrag ohne Ansehen der Staatsbürgerschaft nach § 1 Abs. 3 S. 1 EStG als unbeschränkt steuerpflichtig behandelt, wenn

- ihre gesamten Einkünfte im Kalenderjahr mindestens zu 90 % der deutschen Einkommensteuer unterliegen oder
- ihre nicht der deutschen Einkünften unterliegenden Einkünfte nicht mehr als 7.834 € im Kalenderjahr betragen und
- die Höhe dieser nicht der deutschen Besteuerung unterliegenden Einkünfte durch eine Bescheinigung der zuständigen ausländischen Steuerbehörde nachgewiesen ist.

Der Betrag von 7.834 € entspricht dem Grundfreibetrag nach § 32a Abs. 1 S. 2 Nr. 1 EStG für 2009 und kann demnach für verschiedene Kalenderjahre unterschiedlich ausfallen.

41   Die Einkunftsermittlung erfolgt nach deutschem Steuerrecht (BFH, Urt. v. 20.8.2008, I R 78/07, BStBl. II 2009, 708 ⊙).

42   Die Rechtsfolgen der fiktiven unbeschränkten Steuerpflicht beschränken sich auf die inländischen Einkünfte i. S. von § 49 EStG.

43   **Beispiel:**
Ein Inder, der in der Schweiz wohnt und in der Bundesrepublik Deutschland arbeitet, ist auf Antrag als unbeschränkt Einkommensteuerpflichtiger zu behandeln, wenn er seine Einkünfte nahezu ausschließlich im Inland erzielt.

44   **b) Fiktive unbeschränkte Steuerpflicht von EU- und EWR-Familienangehörigen (§ 1a EStG).** Die Vorschrift ergänzt die Grenzpendlerbesteuerung auf Familienangehörige, wenn es sich um Angehörige eines Mitgliedsstaates einschließlich deutscher Staatsangehörigen oder eines Staates, auf den der EWR-Vertrag anwendbar ist, (Island, Norwegen und Liechtenstein) handelt, die ihren Wohnsitz in diesen Gebieten haben. Wenn die Voraussetzungen der unbeschränkten Einkommensteuerpflicht nach § 1 Abs. 1 oder Abs. 3 EStG vorliegen, ermöglicht diese Vorschrift

- den Abzug von Unterhaltsleistungen nach § 10 Abs. 1 Nr. 1 EStG,
- den Abzug von Sonderausgaben nach § 10 Abs. 1 Nr. 1a EStG,
- auf Antrag die Zusammenveranlagung § 26 Abs. 1 S. 1 EStG.

Beispiele: **45**

- A ist Deutscher und verheiratet. Er wohnt in Belgien und arbeitet in Deutschland. Seine Einkünfte unterliegen ausschließlich der deutschen Einkommensteuer.
- B ist Deutscher und verheiratet. Die Eheleute wohnen in der Schweiz. Die Einkünfte von A unterliegen ausschließlich der deutschen Einkommensteuer. B ist auf Antrag unbeschränkt steuerpflichtig nach § 1 Abs. 3 EStG. Eine Zusammenveranlagung nach § 1a EStG kommt nicht in Betracht. Der Wohnsitz befindet sich nicht in einem EU/EWR-Staat.

5. Beschränkte Steuerpflicht (§ 1 Abs. 4 EStG und § 2 Abs. 1 Satz 1 AStG). Personen, die weder einen Wohnsitz noch ihren gewöhnlichen Aufenthalt im Inland haben, sind beschränkt einkommensteuerpflichtig mit ihren inländischen Einkünften. Inländische Einkünfte sind die Einkünfte, die in § 49 EStG abschließend aufgezählt sind. Dazu gehören alle Einkünfte, deren Quellen im Inland liegen (Grundbesitz, Kapitalgesellschaften, gewerbliche Unternehmen und Betriebsstätten), Einkünfte, die im Inland ausgeübt oder verwertet werden (künstlerische, sportliche, artistische und freiberufliche Tätigkeiten), Renteneinkünfte und Einkünfte aus Spekulationsgeschäften. Nicht besteuert werden die Einkünfte aus Kapitalvermögen (Zinsen aus Bankguthaben und Einlagen), wenn die gewährten Darlehen nicht durch inländischen Grundbesitz besichert sind.   **46**

Beispiel: **47**
A hat im Inland weder einen Wohnsitz noch seinen gewöhnlichen Aufenthalt. Er ist Eigentümer eines Mehrfamilienhauses in München, das er vermietet hat.
A ist beschränkt einkommensteuerpflichtig nach § 1 Abs. 4 EStG. Er erzielt nach § 49 Abs. 1 Nr. 6 EStG inländische Einkünfte. Die Einkommensteuerpflicht erstreckt sich lediglich auf diese inländischen Einkünfte.

(Die beschränkte Einkommensteuerpflicht wird ausführlich in Rn. 408–431 beschrieben.)

48   **6. Wechsel der Steuerpflicht.** Wird ein unbeschränkt Steuerpflichtiger beschränkt steuerpflichtig oder tritt der umgekehrte Fall ein, so ist dies als Beendigung der bisherigen und Begründung einer neuen Steuerpflicht anzusehen. Da die Einkommensteuer eine Jahressteuer ist, sind die Grundlagen für ihre Festsetzung jeweils für ein Kalenderjahr zu ermitteln. Besteht während des Kalenderjahres sowohl beschränkte als auch unbeschränkte Steuerpflicht, so sind die während der beschränkten Steuerpflicht erzielten inländischen Einkünfte in eine Veranlagung zur unbeschränkten Einkommensteuerpflicht einzubeziehen (§ 2 Abs. 7 Satz 3 EStG).

49   **Beispiel:**
A ist am 30.4.2001 in das Bundesgebiet eingewandert. Er war vorher als nicht selbständiger Handelsvertreter in Polen tätig und hat diese Tätigkeit nach seiner Einwanderung im Bundesgebiet fortgesetzt. Außerdem gehört ihm seit Jahren ein Mietwohngrundstück in Frankfurt. Am 10.8.2001 erhielt A 500 € Provision für Aufträge, die er seinem polnischen Auftraggeber im Januar 2001 vermittelt hatte. Die Einkünfte aus Vermietung und Verpachtung (§ 21 EStG) haben im Durchschnitt 500 € betragen.
In der Zeit der unbeschränkten Einkommensteuerpflicht hat der Steuerpflichtige Einkünfte von 4.500 € erzielt. In die Veranlagung für das Jahr 2001 – der unbeschränkten Einkommensteuerpflicht – werden die während der Zeit der beschränkten Einkommensteuerpflicht erzielten inländischen Einkünfte i. H. von 2.000 € (im Wege des Progressionsvorbehaltes) mit einbezogen.
Die Lösung ist durch den BFH, Urt. v. 19.12.2001, I R 63/00, BStBl. II 2003, 302 auch als verfassungsmäßig bestätigt worden.

II. Sachliche Steuerpflicht

1. Prinzip der Abschnittsbesteuerung. Die Einkommensteuer erfasst nicht erst **50**
das Totaleinkommen einer natürlichen Person während der gesamten Erwerbs-
zeit, sondern sukzessiv das Jahreseinkommen (§ 2 Abs. 7 S. 2 EStG). Entsprechend dieses Jahresprinzips ist regelmäßig das Kalenderjahr Veranlagungszeitraum. Nach § 25 Abs. 1 EStG wird die Einkommensteuer nach Ablauf des
Kalenderjahres nach dem Einkommen veranlagt, das der Steuerpflichtige in
diesem Veranlagungszeitraum bezogen hat. Die Einkommensteuer entsteht
erst mit Ablauf des Kalenderjahres (§ 36 Abs. 1 S. 1 EStG).

Hat die Steuerpflicht nicht während des gesamten Veranlagungszeitraums be- **51**
standen, so wird das während der Dauer der Steuerpflicht bezogene Einkommen zugrunde gelegt. In diesem Fall kann die Veranlagung auch erst nach Ablauf des Kalenderjahres vorgenommen werden.

Beispiel: **52**
Ein unbeschränkt Steuerpflichtiger ist am 13.7. verstorben. Er erzielte bis zu
diesem Tag gewerbliche Einkünfte.
Mit dem Tod des Steuerpflichtigen endet seine Steuerpflicht nach § 1 EStG.
Für die Zeit vom 1.1. bis 13.7. sind seine Einkünfte zu ermitteln (Ermittlungszeitraum). Das während der Dauer der Steuerpflicht bezogene Einkommen
ist Bemessungsgrundlage für die Einkommensteuer. Sie wird als Jahressteuer nach Ablauf des Kalenderjahres veranlagt (Veranlagungszeitraum).
Eine Umrechnung auf einen Jahresbetrag erfolgt nicht.

Vom Veranlagungszeitraum (Kalenderjahr) ist der Ermittlungszeitraum zu un- **53**
terscheiden. Aus § 25 Abs. 1 EStG ergibt sich, dass zur Ermittlung der Bemessungsgrundlage der Einkommensteuer das zu versteuernde Einkommen nicht
nur einem bestimmten Kalenderjahr, sondern auch einem bestimmten Steuerpflichtigen zuzuordnen ist.

2. Besteuerung nach der individuellen Leistungsfähigkeit. Die Einkommen- **54**
steuer erfasst das im Veranlagungszeitraum erwirtschaftete Einkommen als In-
dikator der wirtschaftlichen Leistungsfähigkeit des Steuerpflichtigen.

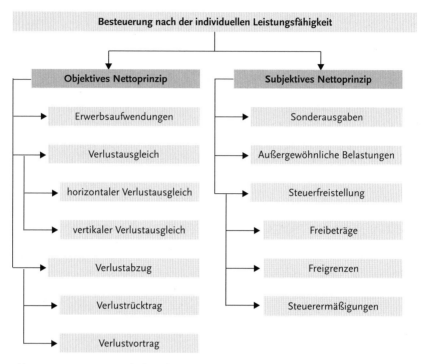

Abb. 2:   Besteuerung nach der individuellen Leistungsfähigkeit

55   **a) Objektives Nettoprinzip.** Einkünfte sind eine saldierte Rechengröße, aus den Einnahmen abzüglich derjenigen Aufwendungen, die bei der Erwirtschaftung der Einnahmen entstanden sind. Die Abziehbarkeit der Erwerbsaufwendungen von den Einnahmen ist begründet, weil der Steuerpflichtige nur aus dem Teil der Einnahmen Steuern bezahlen kann, der ihm letztlich zum eigenen Verbrauch zur Verfügung steht.

56   **aa) Verlustausgleich.** Aus dem objektiven Nettoprinzip folgt auch, dass der Ausgleich von Verlusten möglich sein muss. Die individuelle Leistungsfähigkeit setzt die Bildung der Summe der Einkünfte voraus (§ 2 Abs. 3 EStG). Der **horizontale Verlustausgleich** ist die Verrechnung innerhalb einer Einkunftsart, der **vertikale Verlustausgleich** ist die Verrechnung zwischen verschiedenen Einkunftsarten.

bb) Verlustabzug. Können nicht alle Verluste durch Verlustausgleich verrechnet **57** werden, kommt ein periodenübergreifender Verlustabzug (nach § 10d EStG) in Betracht. Ein **Verlustrücktrag** ist die Verrechnung des nicht ausgeglichenen Verlustes im Veranlagungszeitraum mit den Einkünften des vorangegangenen Veranlagungszeitraums (§ 10d Abs. 1 EStG). Ein **Verlustvortrag** (§ 10d Abs. 2 EStG) führt zu einer Verrechnung in den darauf folgenden Veranlagungszeiträumen.

b) Subjektives Nettoprinzip. Für die Besteuerung nicht disponibel ist auch, was **58** der Steuerpflichtige für seine eigene Existenz, für die Versorgung seiner Familie oder aus anderen Gründen aufwenden muss. § 2 Abs. 4 EStG bestimmt daher, dass der Gesamtbetrag der Einkünfte um **Sonderausgaben** (§§ 10–10b, 10e–10i EStG) und **außergewöhnliche Belastungen** (§§ 33–33b EStG) gemindert wird. Anstelle des Abzugs von der Bemessungsgrundlage können auch Freibeträge, Freigrenzen und Steuerermäßigungen das subjektive Nettoprinzip verwirklichen.

- **Freibeträge** sind gleitende oder feste Beträge, die von den Einnahmen oder Einkünften abgezogen werden, auch wenn diese über den Freibetrag hinausgehen.

> **Beispiel:**
> Gemäß § 17 Abs. 3 EStG wird der Gewinn aus der Veräußerung einer 100 %-Beteiligung an einer Kapitalgesellschaft zur EStG nur herangezogen, soweit er 9.060 € übersteigt.

- **Freigrenzen** sind Regelungen, nach denen Einnahmen oder Einkünfte erst ab einer bestimmten Grenze erfasst werden. Wird die Grenze überschritten, wird der ganze Betrag der Steuer unterworfen.

> **Beispiel:**
> Nach § 22 Nr. 3 Satz 2 sind die dort genannten sonstigen Einkünfte nicht einkommensteuerpflichtig, wenn sie weniger als 256 € im Kalenderjahr betragen haben.

- **Steuerermäßigungen** sind Abzüge von der tariflichen Einkommensteuer.

> **Beispiel:**
> Nach § 35b Satz 1 EStG kann von der Einkommensteuer, die auf Einkünfte erhoben werden, die bereits bei der Erbschaftsteuer berücksichtigt worden waren, auf Antrag die Einkommensteuer anteilig gekürzt werden.

59 **3. Ermittlung des zu versteuernden Einkommens.** Das zu versteuernde Einkommen (§ 2 Abs. 5 EStG) als Bemessungsgrundlage der tariflichen Einkommensteuer wird gem. R 2 EStR 2008 ⊙ entsprechend nachstehender Tabelle ermittelt.

Tab. 2:   Schema zur Ermittlung des zu versteuernden Einkommens

1		Summe der Einkünfte aus den Einkunftsarten
2	=	Summe der Einkünfte
3	–	Altersentlastungsbetrag (§ 24a EStG)
4	–	Entlastungsbetrag für Alleinerziehende (§ 24b EStG)
5	–	Freibetrag für Land- und Forstwirte (§ 13 Abs. 3 EStG)
6	+	Hinzurechnungsbetrag (§ 52 Abs. 3 Satz 3 EStG sowie § 8 Abs. 5 Satz 2 AIG)
7	=	Gesamtbetrag der Einkünfte (§ 2 Abs. 3 EStG)
8	–	Verlustabzug (§ 10d EStG)
9	–	Sonderausgaben (§ 10, 10a, 10b, 10c EStG)
10	–	Außergewöhnliche Belastungen (§ 33 bis 33b EStG)
11	–	Steuerbegünstigung der zu Wohnzwecken genutzten Wohnungen, Gebäude und Baudenkmale sowie der schutzwürdigen Kulturgüter (§§ 10e bis 10i, 52 Abs. 21 Satz 6 EStG i. d. F vom 16.4.1977 BGBl. I S. 821 und § 7 FördG)
12	+	Zuzurechnendes Einkommen gemäß § 15 Abs. 1 AIG
13	=	Einkommen (§ 2 Abs. 4 EStG)
14	–	Freibeträge für Kinder (§§ 31, 32 Abs. 6 EStG)
15	–	Härteausgleich nach § 46 Abs. 3 EStG, § 70 EStDV
16	=	Zu versteuerndes Einkommen (§ 2 Abs. 5 EStG)

60 **4. Einkunftsarten.** § 2 Abs. 1 EStG gibt vor, dass Ausgangspunkt jeder einkommensteuerrechtlichen Beurteilung eines Sachverhaltes die Frage ist, ob **steuerbare Einkünfte** vorliegen. Nur wenn dies bejaht werden kann, sind die Einkünfte sachlich/objektiv einkommensteuerpflichtig. Zugerechnet werden die Einkünfte dann demjenigen, der sie erzielt. Das ist derjenige, der über die Einkommensquelle verfügen kann.

61 Das Gesetz unterscheidet nach den Ermittlungsprinzipien entsprechend § 2 Abs. 2 S. 1 EStG Gewinneinkünfte und Überschusseinkünfte und bestimmt für die einzelnen Einkünfte die jeweilige Gewinnermittlungsart.

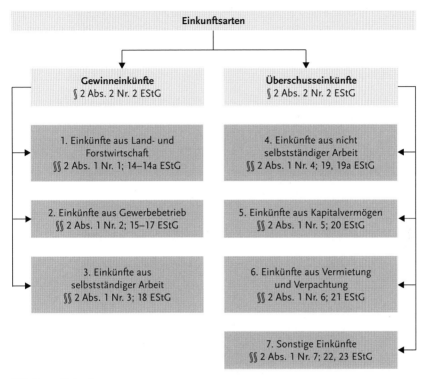

Abb. 3: Einkunftsarten

An die Einteilung in die verschiedenen Einkunftsarten knüpft sich eine Reihe von Rechtsfolgen:
- die Art der Einkünfteermittlung
- das „Ob" und die Höhe von Freibeträgen und Freigrenzen,
- die Gewährung von Werbungskosten und Pauschbeträgen,
- die Erhebungsform (Quellenbesteuerung, Veranlagung),
- die Auswirkungen auf andere Steuerarten (z. B. Gewerbesteuer),
- der Steuersatz (Tarif, Abgeltungssteuer).

a) Gewinneinkünfte. Der Einkünfteermittlung liegt der rechtliche Ansatz der **62** „Reinvermögenstheorie" zugrunde. Nach dieser (erstmals 1920 in der Erzberger'schen Steuerreform angewendeten) Theorie werden Einkünfte als Vermögensmehrungen innerhalb einer bestimmten Zeitspanne ermittelt. Gewinn ist dabei der Unterschiedsbetrag zwischen dem Betriebsvermögen am Schluss des Wirtschaftsjahres und dem Betriebsvermögen am Schluss des vorangegangenen Wirtschaftsjahrs vermehrt um den Wert der Entnahmen und vermindert um den Wert der Einlagen (§ 4 Abs. 1 Satz 1 EStG).

63 Nach dem Gewinn ermittelt werden
- die Einkünfte aus Land- und Forstwirtschaft (§ 2 Abs. 1 Nr. 1 EStG),
- die Einkünfte aus Gewerbebetrieb (§ 2 Abs. 1 Nr. 2 EStG) und
- die Einkünfte aus selbständiger Tätigkeit (§ 2 Abs. 1 Nr. 3 EStG).

64 **aa) Einkünfte aus Land- und Forstwirtschaft (§§ 2 Abs. 1 Nr. 1, 13–14a EStG).** Im Allgemeinen versteht man unter „Landwirtschaft" die planmäßige Nutzung der natürlichen Kräfte des Bodens zur Erzeugung und Verwertung von lebenden Pflanzen und Tieren (Rick et al., Lehrbuch Einkommensteuer, S. 525). Nach § 13 Abs. 1 Nr. 1 EStG gehören hierzu die Einkünfte aus Betrieben der Landwirtschaft, Forstwirtschaft, Weinbau, Gartenbau und aus allen Betrieben, die Pflanzen und Pflanzenteile mithilfe der Naturkräfte gewinnen. Die Aufzählung ist allerdings nicht vollständig (vgl. Seeger in Schmidt EStG zu § 13 Rn. 1).

65 Zu den Einkünften aus Land- und Forstwirtschaft gehören auch die Einkünfte
- aus Tierzucht und Tierhaltung, abhängig von der Größe der bewirtschafteten Bodenfläche (§ 13 Abs. 1 Nr. 1 S. 2 EStG),
- aus Nebenbetrieben (§ 13 Abs. 2 Nr. 1 EStG),
- aus dem Nutzungswert der Wohnung des Steuerpflichtigen (§ 13 Abs. 2 Nr. 2 EStG),
- aus der Produktionsaufgabenrente (§ 13 Abs. 2 Nr. 3 EStG) sowie
- aus der Veräußerung des Betriebes (§ 14 EStG).

66 Ein land- und forstwirtschaftlicher Betrieb ist steuerlich nur anzunehmen, wenn die Betätigung mit der Absicht der Gewinnerzielung unter Beteiligung am allgemeinen wirtschaftlichen Verkehr nachhaltig ausgeübt wird und diese Betätigung nicht ausnahmsweise einen Gewerbebetrieb darstellt.
(Die Begriffe „Gewinnerzielungsabsicht" und „Beteiligung am allgemeinen wirtschaftlichen Verkehr" werden am Beispiel der Einkünfte aus Gewerbebetrieb in Rn. 72–74 erläutert.)

67 **bb) Einkünfte aus Gewerbebetrieb (§§ 2 Abs. 1 Nr. 2, 15–17 EStG).** Zu diesen Einkünften gehören die **Einkünfte aus einem Gewerbebetrieb** (nach § 15 Abs. 1 S. 1 Nr. 1 EStG) und die Gewinnanteile eines in Form einer Personengesellschaft betriebenen Gewerbebetriebes, bei der der Gesellschafter **als Mitunternehmer** anzusehen ist (§ 15 Abs. 1 S. 2 Nr. 2 EStG). Zu den Einkünften aus

Gewerbebetrieb gehört auch der Gewinn aus der **Veräußerung von Anteilen an einer Kapitalgesellschaft**, wenn der Veräußerer innerhalb der letzten fünf Jahre am Kapital der Gesellschaft unmittelbar oder mittelbar zu mindestens 1 % beteiligt war.

Abb 4: Einkünfte aus Gewerbebetrieb

Was unter einem Gewerbebetrieb zu verstehen ist, wird in § 15 Abs. 2 S. 1 EStG **68** beschrieben. Merkmale eines Gewerbetriebes sind nach dieser Vorschrift:

- Selbständigkeit,
- Nachhaltigkeit der Betätigung,
- Gewinnerzielungsabsicht,
- Beteiligung am allgemeinen wirtschaftlichen Verkehr.

Als weiteres nicht im Gesetz genanntes negatives Tatbestandsmerkmal muss **69** nach der Rechtsprechung des BFH noch hinzukommen, dass die Betätigung den Rahmen einer privaten Vermögensverwaltung überschreitet (BFH GrS, B. v. 3.7.1995, GrS 1/93, BStBl. II 1995, 617).

Der Begriffsinhalt „Gewerbebetrieb" nach § 15 Abs. 2 EStG stimmt mit der Abgrenzung des Gewerbesteuergesetzes überein (das ergibt sich aus dem Verweis des § 2 Abs. 1 S. 2 GewStG nicht aber zwangsläufig mit den Begriffen aus anderen Rechtsgebieten. Das gilt auch für den Begriff i. S. des HGB.)

Selbständigkeit bedeutet, dass eine Person die Tätigkeit auf eigene Rechnung **70** und eigene Verantwortung ausübt (BFH, Urt. v. 27.9.1989, VIII R 193/83, BStBl. II 1989, 414).

Das Gegenteil von Selbständigkeit ist Nichtselbständigkeit. Der nicht selbständig Tätige erzielt Einkünfte aus nichtselbständiger Tätigkeit und unterliegt der Lohnsteuer. *(Die Einkünfte aus nichtselbständiger Tätigkeit werden in Rn. 86–90 beschrieben.)*

71 **Nachhaltigkeit** bedeutet, dass die Tätigkeit auf Wiederholung angelegt ist, mit der Absicht, daraus eine Erwerbsquelle zu machen (BFH, Urt. v. 12.7.1991 III R 47/88, BStBl. II 1992, 143). Nachhaltigkeit scheidet aus, wenn der Auftritt am Markt sich in einem Beschaffen von Gegenständen zur eigenen Verwendung erschöpft.

72 **Gewinnerzielungsabsicht** ist ein zweigliedriger Tatbestand. Sie umfasst
- eine Ergebnisprognose (nach objektiven Maßstäben),
- die Prüfung der einkommensteuerlichen Relevanz der Tätigkeit.

73 Erforderlich ist das Streben nach einer Mehrung des Betriebsvermögens in Form eines Totalgewinns (BFH GrS, B. v. 25.6.1984, GrS 4/82, BStBl. II 1984, 751).

Anlaufverluste sind grundsätzlich steuerlich anzuerkennen (BFH, Urt. v. 24.2.1999, X R 106/95, BFH/NV 1999, 1081). Ob Anlaufverluste der Gewinnerzielungsabsicht entgegenstehen, lässt sich pauschal nicht beantworten. Die Finanzverwaltung lässt Bescheide vorläufig oder unter dem Vorbehalt der Nachprüfung ergehen, um die Ergebnisse der weiteren Jahre für eine Entscheidung heranzuziehen.

74 **Beteiligung am allgemeinen wirtschaftlichen Verkehr** liegt vor, wenn Leistungen gegen Entgelt an den Markt gebracht und für Dritte äußerlich erkennbar angeboten werden (BFH, Urt. v. 9.7.1986, I R 85/83, BStBl. II 1986, 851).

Keine Beteiligung am allgemeinen Verkehr liegt vor, bei einem privaten Ankauf von Wertpapieren oder Briefmarken ohne offene Marktteilnahme (BFH, Urt. v. 29.10.1998, X R 80/97, BStBl. II 1999, 448).

75 **Abgrenzung von der Vermögensverwaltung.** Maßgebend für die Abgrenzung zwischen gewerblichem Handeln und privater Vermögensverwaltung ist das Gesamtbild der Verhältnisse nach der Verkehrsanschauung, d. h., ob die Tätigkeit dem Bild entspricht, das nach der Verkehrsauffassung einen Gewerbebetrieb ausmacht und einer Vermögensverwaltung fremd ist (BFH GrS, B. v. 3.7.1995, GrS 1/93, BStBl. II 1995, 617).

Die Verwaltung und Vermietung von Grundbesitz ist auch dann kein Gewerbebetrieb, wenn der vermietete Grundbesitz sehr umfangreich ist. Allerdings können private Veräußerungsgeschäfte von Grundbesitz zu einer gewerblichen Tätigkeit werden, wenn mehrere Objekte in zeitlichem Zusammenhang erworben und veräußert werden (Rechtsprechung zur sog. Drei-Objekt-Grenze BFH GrS, B. v. 10.12.2001, GrS 1/98, BStBl. II 2002, 291).

Die Einkünfte aus Gewerbetrieb sind dem Unternehmer zuzurechnen. Die Legaldefinition „Unternehmer" ist aus § 5 Abs. 1 S. 2 GewStG abzuleiten. Nach dieser Vorschrift gilt als Unternehmer der, „für dessen Rechnung das Gewerbe betrieben wird". **76**

Zu den Einkünften aus Gewerbetrieb gehören nach § 17 Abs. 1 S. 1 EStG auch **Gewinne aus der Veräußerung von Anteilen an Kapitalgesellschaften**, wenn der Veräußerer innerhalb der letzten fünf Jahre am Kapital der Gesellschaft unmittelbar oder mittelbar zu mindesten 1 % beteiligt war. **77**

Die Vorschrift beschreibt einen von der allgemeinen Systematik des Einkommensteuerrechts abweichenden Sondertatbestand. Niemeier et al., Einkommensteuer S. 878, Lang in Tipke/Lang a. a. O. § 9 Rn. 547 halten die Zuordnung zu den Einkünften aus Gewerbetrieb für verfehlt. Sie ist darauf zurückzuführen, dass nach der früheren Grenze von 25 % für die Besteuerung die Beteiligung als mitunternehmerähnlich eingestuft wurde und daher die Veräußerung nach § 16 EStG begünstigt war. Nach der Absenkung der Wesentlichkeitsgrenze hat § 17 EStG seine Berechtigung nur noch aufgrund der durch die Veräußerung entstehenden Leistungsfähigkeit. Die Gleichbehandlung von Veräußerungsgewinnen und laufender Besteuerung steht nunmehr im Vordergrund (so Weber-Grellet in Schmidt a. a. O. zu § 17 Rn. 3). Die Vorschrift ist trotz des Sondertatbestandes verfassungskonform (BVerfG, B. v. 7.10.1969, 2 BvL 3/66, 2 BvR 701/64, BStBl. 1970 II, 160). **78**

cc) Einkünfte aus selbständiger Arbeit (§§ 2 Abs. 1 Nr. 3; 18 EStG). Das Gesetz unterscheidet in § 18 EStG vier Gruppen selbständiger Tätigkeit: **79**
- Einkünfte aus freiberuflicher Tätigkeit (§ 18 Abs. 1 Nr. 1 EStG),
- Einkünfte der Einnehmer einer staatlichen Lotterie (§ 18 Abs. 1 Nr. 2 EStG),
- Einkünfte aus sonstiger selbständiger Tätigkeit, (§ 18 Abs. 1 Nr. 3 EStG) und
- Einkünfte aus Leistungsvergütungen bei Wagniskapitalgesellschaften (§ 18 Abs. 1 Nr. 4 EStG).

Von praktischer Relevanz sind dabei nur die Einkünfte aus freiberuflicher Tätigkeit und sonstiger selbständigen Tätigkeit.

80 Als freiberufliche Tätigkeiten gelten (nach § 18 Abs. 1 Satz. 2 EStG) die wissenschaftlichen, künstlerischen, schriftstellerischen und unterrichtenden Tätigkeiten und die im Einzelnen aufgezählten sogenannten Katalogberufe.

81 An der freiberuflichen Tätigkeit ändert sich nichts durch die **Mithilfe fachlich vorgebildeter Arbeitskräfte**, sofern der Freierufler gegenüber den Mithelfenden aufgrund eigener Fachkenntnisse leitend und eigenverantwortlich tätig wird (§ 18 Abs. 1 Satz 3 EStG). Eine freiberufliche Tätigkeit kann auch von **Mitunternehmern** ausgeübt werden, die sich in einer Personengesellschaft (GbR) oder in einer Partnerschaftsgesellschaft zusammengeschlossen haben (dies bestimmt § 18 Abs. 4 Satz 2 EStG). Voraussetzung ist, dass alle Mitunternehmer die Merkmale eines freien Berufs erfüllen und neben ihrer freiberuflichen Tätigkeit keine gewerblichen Einkünfte erzielen, sog. **Abfärbewirkung** des § 15 Abs. 3 Nr. 1 EStG (vgl. hierzu die Ausführungen in H 15.6 EStH und die dort genannten Rechtsprechungshinweise).

Die Erzielung von freiberuflichen Einkünften hat Vorteile gegenüber gewerblichen Einkünften. Diese Einkünfte unterliegen nicht der Gewerbesteuer. Da freiberuflich Tätige keine Kaufleute sind, brauchen sie auch keine Buchführung und keine Jahresabschlüsse erstellen. Sie können ihren Gewinn nach einer Einnahme-Überschuss-Rechnung ermitteln. Die Umsatzsteuer kann nach vereinbarten Entgelten angemeldet werden unabhängig von der Höhe der Umsätze (§ 20 Abs. 1 Satz 1 Nr. 2 UStG).

82 Die Begünstigung der selbständigen Tätigkeit ist nicht unumstritten. So sieht Lang in Tipke/Lang, a. a. O. § 9 Rn. 427, eine Verletzung des verfassungsrechtlichen Gleichheitssatzes, allerdings ohne dass dies bisher vom BVerfG aufgegriffen wurde.

83 Zu den Einkünften aus selbständiger Arbeit gehört auch der Gewinn, der bei der **Veräußerung** des Vermögens oder des Anteils an einer freiberuflichen Gesellschaft erzielt wird (§ 18 Abs. 3 EStG). Der Veräußerung steht die Aufgabe der Tätigkeit gleich. Der Gewinn wird nach § 16 EStG begünstigt besteuert.

84 **b) Überschusseinkünfte.** Die Ermittlung dieser Einkünfte basiert auf der „Quellentheorie". Nach dieser Theorie werden nur die Früchte aus einem Vermögen oder einer Tätigkeit, die zu einer ständigen Einkommensquelle gehören, besteuert. Das Vermögen (die Quelle) bleibt unberücksichtigt. Bei diesen Einkunftsarten wird nach § 2 Abs. 2 Nr. 2 EStG der Unterschiedsbetrag der Einnahmen (nach § 8 EStG) und der Werbungskosten nach (§ 9 EStG) ermittelt.

Zu den Überschusseinkünften gehören: **85**
• Einkünfte aus nichtselbständiger Arbeit,
• Einkünfte aus Kapitalvermögen,
• Einkünfte aus Vermietung und Verpachtung und
• sonstige Einkünfte.

aa) Einkünfte aus nichtselbständiger Arbeit (§§ 2 Abs. 1 Nr. 4, 19, 19a EStG). **86**
Einkünfte aus nichtselbständiger Arbeit erwirtschaften Arbeitnehmer.

> **§ 1 Abs. 1 LStDV lautet:**
> „Arbeitnehmer sind Personen, die im öffentlichen oder privaten Dienst angestellt oder beschäftigt sind oder waren und aus diesem Dienstverhältnis oder einem früheren Dienstverhältnis Arbeitslohn beziehen. Arbeitnehmer sind auch die Rechtsnachfolger dieser Personen, soweit sie Arbeitslohn aus dem früheren Dienstverhältnis beziehen."

Zu den Arbeitnehmern gehören demnach auch Pensionäre mit Versorgungs- **87** bezügen und Witwer und Witwen als Rechtsnachfolger.

Der Typus **Arbeitnehmer** unterscheidet sich vom Unternehmer dadurch, dass **88** die Tätigkeit nicht selbständig, sondern weisungsgebunden und organisatorisch eingegliedert ausgeübt wird (§ 1 Abs. 2 Satz 2 LStDV). Zum Arbeitnehmerbegriff hat der BFH im Urteil vom 2.12.1998, X R 83/96, BStBl. II 1999, 534, 💿) Stellung genommen.

Arbeitslohn sind nach der Legaldefinition des § 2 Abs. 2 Satz 1 LStDV alle Ein- **89** nahmen, die dem Arbeitnehmer aus dem Dienstverhältnis zufließen, unerheblich, unter welcher Bezeichnung oder in welcher Form die Einnahmen gewährt werden. § 2 Abs. 2 LStDV enthält eine nicht abschließende Aufzählung besonderer Arbeitslohnarten. Zum Arbeitslohn gehören auch Sachbezüge (geldwerte Vorteile), die aufgrund des Arbeitsverhältnisses gewährt werden (§ 8 Abs. 2 EStG).

Nach fiskalischer Bedeutung und der Vielzahl von Arbeitnehmern sind die Ein- **90** künfte aus nichtselbständiger Arbeit die quantitativ wichtigste Einkunftsart. Die Lohnsteuereinnahmen betrugen 2008 (nach den vom BMF im Internet veröffentlichten Steuereinnahmen) insgesamt 141,9 Mrd. €, das sind 69 % der Einkommensteuereinnahmen von 204,6 Mrd. € und 25 % des gesamten Steueraufkommens von 561,2 Mrd. €. Die Einkünfte werden im **Quellenabzug** nach

§§ 38 ff. EStG vom Arbeitgeber einbehalten und an das Betriebsstättenfinanzamt abgeführt (das Lohnsteuerabzugsverfahren wird in Rn. 281–314 beschrieben).

91   **bb) Einkünfte aus Kapitalvermögen (§§ 2 Abs. 2 Nr. 5, 20 EStG).** Einkünfte aus Kapitalvermögen erzielt, wer Kapitalvermögen gegen Entgelt zur Nutzung überlässt. Werden Kapitalerträge im Rahmen anderer Einkünfte (Gewerbebetrieb, freiberufliche Tätigkeit, Vermietung und Verpachtung) erzielt, werden sie diesen Einkünften zugeordnet (§ 20 Abs. 3 EStG).

> **Beispiel:**
> A ist Gewerbetreibender. Zu seinem Betriebsvermögen gehört eine Beteiligung an der X-GmbH. Er hat aus dieser Beteiligung eine Dividende von 15.000 € erhalten.
> Die Dividende erhöht den Gewinn aus Gewerbebetrieb (nach § 15 EStG), obwohl auch Einkünfte aus Kapitalvermögen vorliegen (§ 20 Abs. 1 Nr. 1 EStG). Aus § 20 Abs. 3 EStG ergibt sich jedoch, dass § 15 EStG Vorrang vor § 20 EStG hat.

92   Bei den Einkünften aus Kapitalvermögen ist zu unterscheiden zwischen
- Gewinnanteilen und damit zusammenhängende Einnahmen (§ 20 Abs. 1 Nr. 1–4 EStG),
- Zinsen aus Geldforderungen (§ 20 Abs. 1 Nr. 5–9 EStG),
- besondere Entgelte oder Vorteile (§ 20 Abs. 2 Nr. 1 EStG) und
- Einkünfte aus der Veräußerung von Dividendenscheinen oder Zinsscheinen (§ 20 Abs. 2 Nr. 2–3 EStG).

93   Die Einkünfte aus Kapitalvermögen werden schedulenhaft besteuert. Durch das UntStRefG 2007 wurde ab 2009 ein gesonderter Steuertarif, die sog. **Abgeltungssteuer**, in Höhe von 25 % eingeführt (§ 32d Abs. 1 Satz 1 EStG). Die Einführung dieser besonderen Besteuerung hat zur Folge, dass grundsätzlich die Steuer mit dem Steuerabzug abgegolten ist (§ 43 Abs. 5 Satz 1 EStG) und die Einkünfte nicht mit den übrigen Einkünften zusammen besteuert werden.

94   Die Abgeltungssteuer wird durchweg kritisch gesehen, da sie eine Abkehr vom Prinzip der Gleichbehandlung aller Einkunftsarten darstellt. Gerechtfertigt wird die Abgeltungssteuer mit einer Vereinfachung und einer außerordentlich hohen Mobilität des Finanzkapitals *(zur Kritik an der Abgeltungssteuer vgl. Lang in Tipke/Lang a. a. O. § 9 Rn. 504 und die dort genannten Quellen)*. Die Erhebung der Steuer auf Kapitalerträge durch die Abgeltungssteuer wird in Rn. 318 dargestellt.

cc) Einkünfte aus Vermietung und Verpachtung (§§ 2 Abs. 2 Nr. 6, 21 EStG). Als **95** Einkünfte aus Vermietung und Verpachtung werden Einkünfte aus der zeitlich begrenzten entgeltlichen Überlassung von Sach- und Realvermögen zur Nutzung bezeichnet. Dazu gehören die Einkünfte aus

- Vermietung und Verpachtung von unbeweglichem Vermögen und von grundstücksgleichen Rechten, z. B. Erbbaurechten und Mineralgewinnungsrechten (§ 21 Abs. 1 Nr. 1 EStG),
- Überlassung von Sachinbegriffen wie z. B. Betriebsverpachtung (§ 21 Abs. 1 Nr. 2 EStG),
- zeitlich begrenzter Überlassung von Rechten, z. B. Lizenzen und Urheberrechten (§ 21 Abs. 1 Nr. 3 EStG).

Um zu verhindern, dass die Vorschrift dadurch umgangen wird, dass ein ver- **96** mietetes Wirtschaftsgut veräußert wird und im Kaufpreis Mieteinnahmen abgegolten werden, bestimmt § 21 Abs. 1 Nr. 4 EStG, dass diese Mieten in diesem Fall vom Veräußerer als Einkünfte zu versteuern sind.

Beispiel (aus Niemeier et. al., a. a. O., S. 982):
Ein Steuerpflichtiger verkauft am 1.3. eines Jahres sein Mietwohngrundstück für 180.000 € (Grund und Boden: 30.000 €, Gebäude 150.000 €). Die vierteljährliche Miete (3.000 €) ist nachträglich zahlbar; der auf die Monate Januar und Februar entfallende Mietzins ist mitveräußert, d. h. die Mietforderung für die Monate Januar und Februar steht dem Erwerber zu.
Der Veräußerer vereinnahmt im Rahmen des Veräußerungspreises die Miete für die Monate Januar und Februar mit 2.000 € und hat diese Mieteinnahmen nach § 21 Abs. 4 EStG anzusetzen. Seine Einkünfte aus Vermietung und Verpachtung werden unter Berücksichtigung der sonstigen noch von ihm in diesem Kalenderjahr vereinnahmten Mieten und der angefallenen Werbungskosten berechnet.
Die Anschaffungskosten des Erwerbers für das Mietwohngrundstück betragen 180.000 €. Der Erwerb der Mietforderung berührt nicht die Anschaffungskosten, so dass die AfA-Bemessungsgrundlage 150.000 € beträgt.
Vereinnahmt der Erwerber später die Mieteinnahmen für das erste Vierteljahr mit 3.000 €, so kann er den für die Übernahme der Mietzinsforderung Januar und Februar aufgewendeten Betrag von 2.000 € als negative Einnahme absetzen.

97   Die Einkünfte aus Vermietung und Verpachtung sind subsidiär. Nach § 21 Abs. 3 EStG sind diese Einkünfte anderen Einkunftsarten zuzurechnen, soweit sie zu diesen gehören.

Aus diesem Grunde werden auch die Zinseinnahmen, die eine Wohnungseigentümergemeinschaft aus ihrer Instandhaltungsrücklage erzielt, den Einkünften aus Kapitalvermögen zugeordnet, auch wenn die entsprechende Eigentumswohnung vermietet ist.

98   **dd) Sonstige Einkünfte (§§ 2 Abs. 2 Nr. 7, 22, 23 EStG).** Die sonstigen Einkünfte betreffen subsidiär folgende private Besteuerungstatbestände:
- Einkünfte aus wiederkehrenden Bezügen (§ 22 Nr. 1–1c EStG),
- Einkünfte aus privaten Veräußerungsgeschäften (§§ 22 Nr. 2, EStG),
- sonstige Leistungseinkünfte (§ 22 Nr. 3 EStG),
- Einkünfte aus Leistungen aufgrund des Abgeordnetengesetzes (§ 22 Nr. 4 ESG),
- Leistungen aus Altersvorsorgeverträgen (§ 22 Nr. 5 EStG)

99   **Wiederkehrende Bezüge** sind Einnahmen in Geld oder Geldeswert, die einer Person aufgrund eines bestimmten Verpflichtungsgrundes (Gesetz, Vertrag, Testament) oder eines einheitlichen Entschlusses mit einer gewissen Regelmäßigkeit, wenn auch nicht zwangsläufig immer in gleicher Höhe, zufließen (Lang in Tipke/Lang a. a. O. § 9 Rn. 523). Zu unterscheiden sind Leibrenten und dauernde Lasten

Abb. 5: Einkünfte aus wiederkehrenden Bezügen

100   **Renten** sind Einnahmen aus einem einheitlich nutzbaren selbständigen Recht, dessen Erträge aus regelmäßig wiederkehrenden, gleichmäßigen Leistungen aus Geld oder vertretbarer Sachen bestehen. Sie werden dem/den Berechtigten auf Lebenszeit eines oder mehrerer Menschen gewährt oder mindestens auf die

Dauer von 10 Jahren gewährt (BFH, v. 7.8.1959, VI 284/58 U, BStBl. III 1959, 463 ⊙).

c) Ergänzende Vorschriften zu allen Einkunftsarten (§ 24 EStG). Die Vorschrift **101** schafft keine zusätzliche Einkünfte, sondern stellt nur klar, dass die in § 24 EStG aufgeführten Bezüge den jeweiligen in § 2 EStG aufgeführten Einkunftsarten zuzurechnen sind. Die in § 24 genannten Einkünfte betreffen:

- Entschädigungen als Ersatz für entgangene oder entgehende Einnahmen (§ 24 Nr. 1 a) EStG),
- Entschädigungen für die Aufgabe oder Nichtausübung einer Tätigkeit (§ 24 Nr. 1 b) 1. Alternative EStG),
- Entschädigungen für die Aufgabe einer Gewinnbeteiligung (§ 24 Nr. 1 b) 2. Alt. EStG),
- Ausgleichszahlung an Handelsvertreter nach § 89b HGB (§ 24 Nr. 1 c) EStG),
- Einkünfte aus einer ehemaligen Tätigkeit oder früherem Rechtsverhältnis, auch wenn die Einkünfte dem Rechtsnachfolger zufließen (§ 24 Nr. 2 EStG),
- Nutzungsvergütungen im Zusammenhang mit der Inanspruchnahme von Grundstücken für öffentliche Zwecke (§ 24 Nr. 3 EStG).

Die Einkünfte nach § 24 Nr. 1 und 3 EStG sind tarifbegünstigt nach § 34 EStG. **102**

3. Kapitel   Einnahmen und Ausgaben

I.   Vereinnahmung und Verausgabung

103   Da die Bemessungsgrundlage der Einkommensteuer jeweils für ein Kalenderjahr zu ermitteln ist (§ 2 Abs. 7 Satz 2 EStG), ist es erforderlich, sämtliche Einkünfte dem Kalenderjahr zuzuordnen. Grundsätzlich gilt das in § 11 Abs. 1 Satz 1 und § 11 Abs. 2 Satz 1 EStG festgelegte System der Vereinnahmung und Verausgabung. Danach kommt es grundsätzlich auf das Zufließen und Abfließen von Wirtschaftsgütern an:
- „**Zufluss**" bedeutet Erlangen der wirtschaftlichen Verfügungsmacht über Wirtschaftsgüter.
- „**Abfluss**" bedeutet Verlust der wirtschaftlichen Verfügungsmacht.

104   **Einnahmen** sind innerhalb des Kalenderjahres bezogen, in dem sie dem Steuerpflichtigen zugeflossen sind (§ 11 Abs. 1 Satz 1 EStG). **Ausgaben** sind für das Kalenderjahr abzusetzen, in dem sie geleistet worden sind (§ 11 Abs. 2 Satz 1 EStG).

105   Eine Ausnahme gilt für **regelmäßig wiederkehrende Einnahmen und Ausgaben,** die kurze Zeit vor Beginn oder kurze Zeit nach Beendigung des Kalenderjahres zugeflossen sind oder geleistet worden sind (§ 11 Abs. 1 Satz 2; Abs. 2 Satz 2 EStG). Die zeitliche Zurechnung erfolgt in dem Kalenderjahr, *für den* die Leistung erbracht wird (BFH v. 24.7.1986, IV R 309/84, BStBl. II 1987, 16 🔘). Wiederkehrend sind Einnahmen und Ausgaben, bei denen ihrer Natur nach aufgrund eines bestimmten Rechtsverhältnisses die Wiederholung in gewissen Zeitabständen von Anfang an feststeht. Regelmäßig wiederkehrend sind Zahlungen, die nach dem zugrunde liegenden Rechtsverhältnis grundsätzlich am Beginn oder am Ende des Kalenderjahres zahlbar sind, zu dem sie gehören. „Kurze Zeit" ist in der Regel ein Zeitraum bis zu 10 Tagen (BFH v. 10.12.1985, VIII R 15/83, BStBl. II 1986, 342 🔘).

Beispiel:
A hat zu Beginn jeden Monats 100 € für seine Lebensversicherung zu zahlen. Infolge finanzieller Schwierigkeiten hat er die fälligen Beträge für die Monate November und Dezember 2001 erst am 15.7.2002 bezahlt. Die Zahlungen von insgesamt 200 € sind als Sonderausgaben des Jahres 2002 anzuerkennen, weil die Leistung in diesem Jahr erfolgt ist (§ 11 Abs. 2 EStG). Dass die Leistungen wirtschaftlich das Jahr 2002 betreffen, ist unerheblich. Die Ausnahmeregelung des § 11 Abs. 2 Satz 2 EStG greift nicht ein. Die Versicherungsbeiträge stellen zwar regelmäßig wiederkehrende Ausgaben dar, sie sind aber nicht kurze Zeit nach Beendigung des Kalenderjahrs 2001 geleistet worden.

Die Höhe der regelmäßig wiederkehrenden Leistungen muss nicht in gleicher Höhe erfolgen. So sind die Umsatzsteuervorauszahlungen, die regelmäßig bis zum 10. Januar des Folgejahres zu leisten sind, als regelmäßig wiederkehrende Leistungen anzusehen und noch dem vergangenen Kalenderjahr zuzurechnen (BFH v. 1.8.2007, XI R 48/05, BStBl. II 2008, 282 ●).

Eine weitere Ausnahme gilt für die **Einnahmen aus nichtselbständiger Arbeit.** **106** Nach § 38a Abs. 1 Satz 2 EStG gilt laufender Arbeitslohn stets in dem Kalenderjahr bezogen, in dem der Lohnzahlungszeitraum endet (§ 11 Abs. 1 Satz 4 EStG). Für Arbeitslohn, der nicht als laufender Arbeitslohn gezahlt wird (sonstiger Bezug), gilt das Zuflussprinzip des § 11 Abs. 1 Satz 1 EStG.

Soweit die Einkünfte durch **Betriebsvermögensvergleich** nach § 4 Abs. 1 oder **107** § 5 EStG ermittelt wird, ergibt sich aus dem Wesen dieser Gewinnermittlung, dass der Zeitpunkt, in dem Betriebseinnahmen als bezogen und Betriebsausgaben als geleistet anzusehen sind, die Höhe des Gewinns nicht berührt (§ 11 Abs. 1 Satz 5, Abs. 2 Satz 6 EStG). Beim Vermögensvergleich wirkt sich jede Vermögensänderung als Forderung oder Verbindlichkeit ergebnismäßig aus.

Nach § 11 Abs. 2 Satz 4 EStG ist ein steuerlich anzuerkennendes **Disagio** nach **108** den allgemeinen Regeln nach dem Zahlungszeitpunkt zu erfassen.

Der Grundsatz, dass Erhaltungsaufwendungen im Jahr der Verausgabung berücksichtigt werden, wird durchbrochen bei **Gebäuden in Sanierungsgebieten,** **109** städtebaulichen Entwicklungsbereichen und bei Baudenkmälern. Nach § 11a und § 11b EStG ist eine gleichmäßige Verteilung auf bis zu fünf Jahren auf Antrag möglich.

110   Der Anwendungsbereich des § 11 umfasst daher regelmäßig:
- die Gewinnermittlung durch Einnahme-Überschuss-Rechnung (§ 4 Abs. 3 EStG),
- die Ermittlung der Überschusseinkünfte (§ 2 Abs. 1 Nr. 4–7 EStG),
- die Sonderausgaben (§§ 10–10b EStG),
- die außergewöhnlichen Belastungen (§§ 33 und 33a EStG).

II. Steuerfreie Einnahmen

111   § 3 EStG bestimmt in einem Katalog bestimmte steuerfreie Einnahmen. Im Zusammenhang mit diesen Einnahmen stehende Ausgaben sind dann vom Abzug als Betriebsausgaben oder Werbungskosten ausgeschlossen. Im Zusammenwirken dieser Vorschriften werden in der Folge Einkünfte, die auf einen bestimmten Vorgang oder auf eine bestimmte Tätigkeit bezogen sind, steuerfrei gestellt.

112   Die in § 3 EStG aufgezählten Befreiungen sind nicht systematisch geordnet. Es handelt sich bei den einzelnen Befreiungsvorschriften um
- **Sozialzwecknormen**, lenkende Normen, die sozialpolitisch (wohlstandskorrigierend), wirtschaftspolitisch, wettbewerbspolitisch, umweltpolitisch, gesundheitspolitisch oder berufspolitisch begründet sind;
- **Fiskalzwecknormen**, die konkrete Steuerwürdigkeitsentscheidungen auch nach dem Leistungsfähigkeitsprinzip treffen oder Steuerbegünstigungen schaffen, um Übermaßbesteuerungen oder Doppelbesteuerungen zu vermeiden;
- **Vereinfachungsnormen**, die aus technisch-ökonomischen Gründen die Steuerrechtsanwendung vereinfachen, praktischer oder ökonomischer machen.

113   Eine eindeutige Zuordnung der einzelnen Befreiungen ist dabei nicht immer möglich.

III. Nichtabzugsfähige Ausgaben

Das Einkommensteuerecht grenzt die erwerbsbedingten Ausgaben zur Berück- **114**
sichtigung des objektiven Nettoprinzips von den Kosten der Lebensführung ab.
Diese Kosten stellen Einkommensverwendung dar und können nur in der Bemessungsgrundlage des zu versteuernden Einkommens berücksichtigt werden, soweit dies ausdrücklich gesetzlich zugelassen wird.

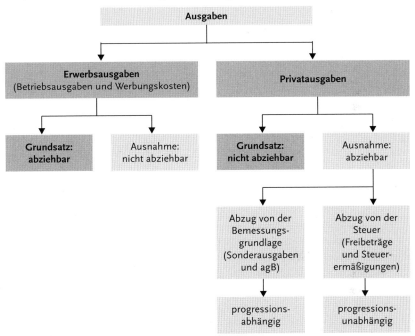

Abb. 6:   Steuerliche Berücksichtigung von Ausgaben

1. Private Ausgaben (§ 12 Satz 1 EStG). Die Vorschrift bestimmt, dass die Kosten   **115**
der Lebensführung grundsätzlich weder bei den einzelnen Einkünften noch
vom Gesamtbetrag der Einkünfte abgezogen werden dürfen und grenzt dabei
die Einkunftssphäre von der Erwerbssphäre ab.
Ausnahmen bilden:
* Kinderbetreuungskosten nach § 9c EStG,
* Sonderausgaben nach §§ 10, 10a, 10b EStG und
* außergewöhnliche Belastungen nach §§ 33 bis 33b EStG.

116   a) **Lebenshaltungskosten (§ 12 Nr. 1 EStG).** Ausgaben, die der Steuerpflichtige für seinen Haushalt und für den Unterhalt seiner Familienangehörigen aufwendet, sind nicht abzugsfähig. Dazu gehören auch Aufwendungen für die Lebensführung, die die wirtschaftliche oder gesellschaftliche Stellung des Steuerpflichtigen mit sich bringt, auch wenn sie zur Förderung des Berufs oder der Tätigkeit beitragen. Ausnahmen hat die Rechtsprechung bisher nur zugelassen, wenn sich die Ausgaben nach objektiven Merkmalen und Unterlagen leicht und zutreffend zuordnen lassen. Der Große Senat hat in einem neuen Beschluss vom 21.9.2009 GrS 1/06 (veröffentlicht am 13.01.2010, BFH/NV 2010, 285 ●) diese bisherige Rechtsprechung für gemischt veranlasste Aufwendungen aufgegeben und verlangt nun grundsätzlich eine Aufteilung entsprechend einer verfassungsmäßig gebotenen Trennung zwischen objektivem und subjektivem Nettoprinzip (vgl. Rn 54–58), wenn die Aufwendungen sowohl beruflich als auch privat veranlasst sind. Dies soll gelten, wenn der gewerbliche/berufliche Nutzungsanteil nicht von untergeordneter Bedeutung ist. Eine Aufteilung unterbleibt wie bisher, wenn die private Nutzung unbedeutet ist (vgl. frühere Beschlüsse, GrS, B. v. 19.10.1970, GrS 2/70, BStBl. II 1971, 17; GrS, B. v. 27.11.1978 GrS 8/77 BStBl. II 1979, 213; GrS, B. v. 4.7.1990, GrS 2-3/88 BStBl. II 1990, 817 ●) oder der Steuerpflichtige seiner Aufklärungspflicht nicht in ausreichendem Maße nachkommt. Eine Aufteilung bleibt nach wie vor ausgeschlossen, wenn die Aufwendungen durch die wirtschaftliche oder gesellschaftliche Stellung verursacht sind.

Eine Aufteilung war auch bisher schon geboten für die Zuordnung von Ausgaben zu verschiedenen Einkunftsarten (z. B Nutzung eines Arbeitszimmers für Einkünfte aus nichtselbständiger und selbständiger Tätigkeit, so BFH v. 10.06.2008, VIII R 76/05, BStBl. II 2008, 937 ●) und für die Aufteilung von Sonderausgaben (z. B. wenn ein Personalcomputer von einem Ehegatten für seine nichtselbständige Arbeit und vom anderen Ehegatten für seine Ausbildung i. S. von § 10 Abs. 1 Nr. 7 EStG genutzt wird [so BFH v. 22.6.1990, VI R 2/87, BStBl. II 1990, 901 ●]).

117   b) **Zuwendungen an andere Personen (§ 12 Nr. 2 EStG).** Zuwendungen sind geldwerte Leistungen, denen keine Gegenleistungen gegenüberstehen.

Beispiel:
Ein Onkel gewährt seiner Nichte freiwillig (unentgeltlich) einen monatlichen Unterhaltszuschuss.

c) Nichtabzugsfähige Steuern (§ 12 Nr. 3 EStG). Zu den nichtabzugsfähigen **118** Steuern gehören:

- die Steuern vom Einkommen (Lohnsteuer, Kapitalertragsteuer),
- die Gewerbesteuer (nach § 4 Abs. 5 EStG),
- die Erbschaft- und Schenkungsteuer,
- die Umsatzsteuer auf Entnahmen sowie
- Nebenleistungen auf diese Steuern (Verspätungszuschläge, Säumniszuschläge, Stundungszinsen, Hinterziehungszinsen, Aussetzungszinsen, Zwangsgelder) und Verteidigungskosten in einem Steuerstrafverfahren.

d) Geldstrafen und ähnliche Aufwendungen (§ 12 Nr. 4 EStG). In einem Straf- **119** verfahren festgesetzte Geldstrafen und sonstige Rechtsfolgen vermögensrechtlicher Art, bei denen der Strafcharakter überwiegt, können nach der Vorschrift weder bei den einzelnen Einkünften noch beim Gesamtbetrag der Einkünfte abgezogen werden. Die Regelung steht im Zusammenhang mit den Regelungen in § 4 Abs. 5 Satz 1 Nr. 8 und § 9 Abs. 5 EStG.

120

Beispiel:
Gegen den Steuerpflichtigen wurde ein Strafverfahren wegen des Verdachts einer Steuerhinterziehung eingeleitet. Das Strafverfahren wurde nach § 153a StPO eingestellt mit der Auflage, 1.000 € an eine bestimmte gemeinnützige Einrichtung zu zahlen.
Der Betrag von 1.000 € ist nach § 12 Nr. 4 EStG nicht abzugsfähig, ebenso wie die Kosten der Strafverteidigung.

e) Aufwendungen für die erstmalige Berufsausbildung (§ 12 Nr. 5 EStG). Auf- **121** wendungen des Steuerpflichtigen, die zu einer ersten beruflichen Befähigung führen, und ein Erststudium sind nicht abzugsfähig, wenn diese Ausbildung nicht im Rahmen eines Dienstverhältnisses stattfindet.

122

Beispiel:
Die Semestergebühren sowie die Kosten der Studentenwohnung sind bei einem Hochschulstudium an der Universität Mannheim nicht abzugsfähig. Die Semestergebühren und alle Kosten sind dagegen bei einem Studium an der Dualen Hochschule Baden-Württemberg abzugsfähig, da dieses Studium im Rahmen eines Ausbildungsvertrages mit einem Ausbildungsbetrieb absolviert wird.

2. Nicht abzugsfähige Erwerbsaufwendungen. Unter „nichtabziehbaren Er- **123** werbsaufwendungen" versteht man Aufwendungen, die zwar durch die Erwerbstätigkeit veranlasst sind (Betriebsausgaben und Werbungskosten), die jedoch kraft eines **gesetzlichen Abzugsverbots** nicht abziehbar sind. Diese Aufwendungen können auch nicht als Privataufwendungen berücksichtigt werden, da diese grundsätzlich Betriebsausgaben und Werbungskosten nicht erfassen (§§ 10 Satz1, §§ 33 Abs. 2 Satz 2 EStG).

124

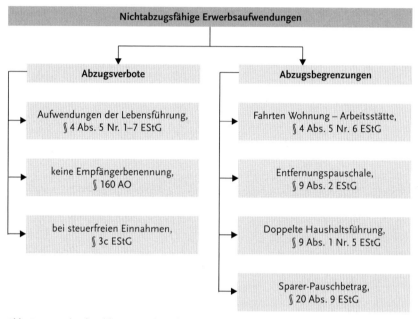

Abb. 7:   Nicht abziehbare Erwerbsaufwendungen

4. Kapitel Sonderausgaben

I. Sonderausgaben zur Verwirklichung des subjektiven Nettoprinzips

Sonderausgaben sind Aufwendungen, die nicht in Zusammenhang mit der Er-   **125**
zielung von Einkünften stehen, sondern durch die private Lebensführung veranlasst sind (§ 10 Abs. 1 Satz 1 EStG). Sie werden in den §§ 10–10b EStG er-
schöpfend aufgezählt. Sonderausgaben können nach § 2 Abs. 4 EStG vom
Gesamtbetrag der Einkünfte abgezogen werden. Die nachfolgende Abbildung 8
zeigt, inwieweit Ausgaben von einem Steuerpflichtigen steuermindernd geltend gemacht werden können.

Beispiel: **126**
Ein Gewerbetreibender leistet für seinen ausschließlich gewerblichen Zwe-
cken dienenden PKW Beiträge zur Autohaftpflicht.
Die Beiträge sind Betriebsausgaben.

Beispiel: **127**
Ein Steuerpflichtiger leistet für seinen ausdrücklich privaten Zwecken dienenden PKW Beiträge zur Haftpflichtversicherung.
Die Beiträge sind Privatausgaben. Sie sind als Sonderausgaben abzugsfähig
nach § 10 Abs. 1 Nr. 3a EStG im Rahmen der Abzugsbeschränkungen des
§ 10 Abs. 4 EStG bis insgesamt 2.800 €.

Zum Abzug berechtigt ist grundsätzlich der Steuerpflichtige, der die Aufwen-   **128**
dungen gesetzlich oder vertraglich schuldet und auch selbst leistet (BFH v.
19.4.1989, X R 28/86, BStBl. II 1989, 862 ⊙). Bei Ehegatten, die nach § 26b
EStG zusammen veranlagt werden, ist es für den Abzug von Sonderausgaben
ohne Belang, wer von den beiden Ehegatten sie leistet (R 10.1 EStR ⊙).

Für den Sonderausgabenabzug gilt das Abflussprinzip des § 11 Abs. 2 EStG. Für   **129**
regelmäßig wiederkehrende Zahlungen – und das dürfte für die meisten Zahlungen gelten – gilt auch die Zurechnungsregel des § 11 Abs. 2 Satz 2 EStG.

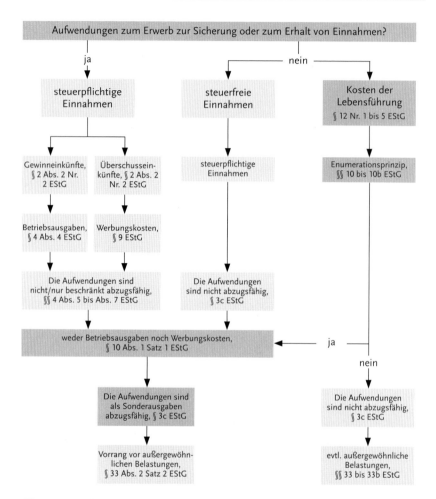

Abb. 8:   Berücksichtigung von Sonderausgaben (in Anlehnung an Rick, Gierschmann, Gunsenheimer et. al., 2009 S. 134)

130   Nach der Auffassung des BFH folgt aus dem Begriff der Sonderausgaben, dass es sich um endgültige Belastungen handeln muss. Werden Sonderausgaben erstattet, mindern sie daher die in diesem Veranlagungszeitraum geleisteten Aufwendungen gleicher Art. Übersteigen die Erstattungen die Aufwendungen, mindern die übersteigenden Erstattungen die Aufwendungen im Veranlagungsjahr der Zahlung (H 10.1 EStH 🔘).

Erstattungen von Sonderausgaben sind bei der Kirchensteuer häufig. Für die Kirchensteuer ist die Einkommensteuer Bemessungsgrundlage. Bei der Erstattung von Einkommensteuer im Rahmen einer Einkommensteuerveranlagung oder bei Beendigung der Kirchensteuerpflicht erfolgt dann regelmäßig auch eine Erstattung von Kirchensteuer. Unter bestimmten Umständen kann dann der Erstattungsbetrag höher sein als die im Veranlagungsjahr gezahlte oder einbehaltene Kirchensteuer (vgl. hierzu BFH v. 26.11.2008, X R 24/08, BFHINV 2009, 568; BFH v. 2.9.2008, X R 46/07, BStBl. II 2009, 229), dann wird der Überhang im Jahr der Zahlung rückwirkend berücksichtigt.

II. Die einzelnen Sonderausgaben

Von den Sonderausgaben der §§ 10, 10a und 10b EStG kann ein Teil in vollem **131** Umfang bei der Einkommensermittlung abgezogen werden, ein anderer Teil kann nur begrenzt berücksichtigt werden.

Tab. 3: Überblick über die Sonderausgaben (in Anlehnung an Rick, Gierschmann, Gunsenheimer et. al, a. a. O., S. 135)

Einteilung der Sonderausgaben		
unbeschränkt abzugsfähig	beschränkt abzugsfähig	Sonderfälle
§ 10 Abs. 1 Nr. 1a, Nr. 1b, Nr. 4 EStG	§ 10 Abs. 1 Nr. 1, 5, 7–9 EStG	§ 10 Abs. 1 Nr. 2 und 3; § 10a; § 10b EStG	§§ 10d–10i EStG
Pauschbetrag § 10c, bei Splittingverfahren verdoppelt (36/72 €)	Vorsorgepauschale § 39b Abs. 2 Nr. 3 EHG beim Lohnsteuerabzug	

1. Unbeschränkt abzugsfähige Sonderausgaben. – a) Renten und dauernde Las- **132** **ten als Versorgungsleistungen (§ 10 Abs. 1 Nr. 1a EStG).** Die Vermögensübergabe von der älteren auf die jüngere Generation gegen Versorgungsleistungen hat ihren Ursprung im Modell der Hof- und Betriebsübergabe. Dabei wird existenzsicherndes Vermögen im Wege der generationsübergreifenden Nachfolge gegen wiederkehrende Leistungen an den Übergeber, dessen Ehegatten oder Abkömmlingen und gesetzlich erbberechtigten Verwandten übertragen. Bereits nach dem preußischen Einkommensteuergesetz von 1891 konnten sog. „Leibgedinge" als einkommensteuerliche Belastungen beim Übernehmer abgezogen werden, während der Übergeber diese zu versteuern hatte.

133   Der Gesetzgeber hat dieses **Rechtsinstitut der Vermögensübertragungen gegen Versorgungsleistungen** in § 10 Abs. 1 Satz 1 Nr. 1a EStG für die Einkommensteuer als Sonderausgabenabzug für den Übernehmer des Vermögens korrespondierend mit der Besteuerung als sonstige Einkünfte beim Empfänger der Versorgungsleistungen nach § 22 Nr. 1 EStG geregelt. Danach können Versorgungsleistungen als Sonderausgaben abgezogen werden, wenn sie nicht Betriebsausgaben oder Werbungskosten sind, auf einem besonderen Verpflichtungsgrund beruhen und nicht mit übertragenen Einkünften im wirtschaftlichen Zusammenhang stehen, die nach § 3 EStG oder nach einem Doppelbesteuerungsabkommen steuerfrei bleiben. Der Empfänger muss unbeschränkt einkommensteuerpflichtig sein.

134   **Vermögensübergabe** ist die Vermögensübertragung durch einzelvertragliche Regelung unter Lebenden mit Rücksicht auf die künftige Erbfolge, bei der sich der Übergeber in Gestalt von Versorgungsleistungen typischerweise Erträge seines Vermögens vorbehält, die nunmehr allerdings vom Übernehmer erwirtschaftet werden müssen (BFH, GrS, B. v. 5.7.1990, GrS 4–6/89, BStBl. II 1990, 847 💿). Nach dem Willen der Beteiligten soll der Übernehmer wenigstens teilweise eine unentgeltliche Zuwendung erhalten.

135   Bei einer Vermögensübertragung an Angehörige spricht eine widerlegbare Vermutung dafür, dass die wiederkehrenden Leistungen unabhängig vom Wert des übertragenen Vermögens nach dem Versorgungsbedürfnis des Berechtigten und nach der wirtschaftlichen Leistungsfähigkeit des Verpflichteten bemessen worden sind. Diese Vermutung ist widerlegt, wenn die Beteiligten Leistung und Gegenleistung nach kaufmännischen Gesichtspunkten gegeneinander abgewogen haben und subjektiv von der Gleichwertigkeit der beiderseitigen Leistungen ausgehen durften, auch wenn Leistung und Gegenleistung objektiv ungleichwertig sind (BFH, 30.7.2003, X R 12/01, BStBl. II 2004, 211 💿). Unter Fremden besteht eine nur in Ausnahmefällen widerlegbare Vermutung, dass bei der Übertragung von Vermögen Leistung und Gegenleistung kaufmännisch gegeneinander abgewogen sind (BFH, 16.12.1997, IX R 11/94, BStBl. II 1998, 718 💿).

136   Das übertragene Vermögen muss grundsätzlich für eine generationsübergreifende, dauernde Anlage geeignet und bestimmt sein und dem Übernehmer zur Fortsetzung des Wirtschaftens überlassen werden. Nach der ab 2008 geltenden Neuregelung können Versorgungsleistungen als Sonderausgaben nur noch abgezogen werden, wenn sie im Zusammenhang mit den in § 10 Abs. 1 Satz 2 Nr. 1 EStG aufgezählten Vermögensübertragungen stehen. Diese sind:

- **Mitunternehmeranteile** an einer gewerblichen oder freiberuflichen Personengesellschaft (§ 10 Abs. 1 Satz 2 a) EStG),
- **Betriebe oder Teilbetriebe** (§ 10 Abs. 1 Satz 2 b) EStG),
- **Gesellschaftsanteile an einer GmbH** in Höhe von mindestens 50 %, wenn der Übergeber als Geschäftsführer tätig war und der Übernehmer diese Tätigkeit nach der Übertragung übernimmt.

Gegenstand der Vermögensübergabe muss eine die Existenz des Übergebers **137** wenigstens teilweise sichernde Wirtschaftseinheit sein. Gleichzeitig muss auch die Versorgung des Übergebers aus dem übergebenden Vermögen wenigstens teilweise sichergestellt sein. Wird ein Unternehmen (land- und forstwirtschaftlicher Betrieb, Gewerbebetrieb oder das Unternehmen eines freiberuflich Selbständigen) im Wege der vorweggenommenen Erbfolge übertragen, besteht eine nur in Ausnahmefällen widerlegbare Vermutung (z. B. bei mehrjährigen laufenden Verlusten). Als Unternehmen in diesem Sinne gilt auch der Gesellschaftsanteil an einer GmbH unter den o. a. Bedingungen (BFH, GrS B. v. 12.5.2003, GrS 1/00, BStBl. II 2004, 95 ⊚).

Empfänger des Vermögens können Abkömmlinge und grundsätzlich auch ge- **138** setzlich erbberechtigte entfernte Verwandte des Übergebers sein. Hat der Übernehmer aufgrund besonderer persönlicher Beziehungen zum Übergeber ein persönliches Interesse an der lebenslangen angemessenen Versorgung des Übergebers oder sind die Vertragsbedingungen allein nach dem Versorgungsbedürfnis des Übergebers und der Leistungsfähigkeit des Übernehmers vereinbart worden, können auch nahestehende Dritte und ausnahmsweise auch familienfremde Dritte Empfänger des Vermögens sein (BFH v. 16.12.1997, IX R 11/94, BStBl. II 1998, 718 ⊚).

Versorgungsleistungen sind regelmäßig wiederkehrende Leistungen auf die **139** Lebenszeit des Übergebers, des Ehegatten und der gesetzlich erb- und pflichtteilsberechtigten Abkömmlinge, sowie der Lebenspartner einer eingetragenen Lebenspartnerschaft (BFH v. 26.11.2003, X R 11/01, BStBl. II 2004, 820 ⊚).

Die steuerrechtliche Anerkennung des Übergabevertrags setzt voraus, dass die **140** gegenseitigen Rechte und Pflichten rechtswirksam, klar und eindeutig vereinbart, ernsthaft gewollt sind und tatsächlich durchgeführt werden. Mindestens muss vereinbart sein:
- der Umfang des übertragenden Vermögens,
- die Höhe der Versorgungsleistungen und
- die Art und Weise der Zahlungen.

141 Soweit im Zusammenhang mit der Vermögensübertragung Versorgungsleistungen zugesagt werden, sind diese weder Veräußerungsentgelt noch Anschaffungskosten (BFH, GrS B. v. 5.7.1990, GrS 4–6/89, BStBl. II 1990, 847).

 Bei der Übergabe von Vermögenswerten, die nicht unter § 10 Abs. 1 Nr. 1a EStG fallen, gelten die allgemeinen Grundsätze. Zu unterscheiden ist dabei, ob die zugesagten Leistungen als Unterhaltsleistungen (u. U. nach § 33a EStG abzugsfähig) oder als Veräußerungsentgelt (und als Anschaffungsvorgang) anzusehen sind.

142 **b) Leistungen aufgrund eines schuldrechtlichen Versorgungsausgleichs (§ 10 Abs. 1 Nr. 1b EStG).** Im Rahmen eines schuldrechtlichen Versorgungsausgleichs fließen die jeweiligen Alterseinkünfte in voller Höhe zunächst demjenigen zu, der die entsprechenden Anwartschaften erworben hat. Der verpflichtete Ehegatte hat aber den auf den anderen Ehegatten entfallenden Anteil an diesen auszukehren. Soweit die Bezüge beim Verpflichteten besteuert wurden, kann dieser die Weitergabe als Sonderausgaben abziehen. Der Ehegatte muss dann die empfangenen Leistungen nach § 22 Nr. 1c EStG korrespondierend versteuern.

143 **c) Kirchensteuern (§ 10 Abs. 1 Nr. 4 EStG).** Kirchensteuern sind Geldleistungen, die von den als Körperschaften des öffentlichen Rechts anerkannten Religionsgemeinschaften von ihren Mitgliedern aufgrund gesetzlicher Bestimmungen erhoben werden. Rechtsgrundlage für die Erhebung der Kirchensteuer bilden die Kirchensteuergesetze und Kirchensteuerordnungen der Religionsgemeinschaften nach landesrechtlichen Vorschriften.

144 Die Kirchensteuer wird als Zuschlag zur Einkommensteuer erhoben. Freiwillige Beiträge sind keine Kirchensteuer und können daher nur als Spendenabzug nach § 10b Abs. 1 EStG berücksichtigt werden.

145 Abzugsfähig ist nach § 10 Abs 1 Nr. 4 EStG die „gezahlte" Kirchensteuer, unerheblich, für welchen Zeitraum geleistet wurde. Von den Zahlungen sind die Beträge abzuziehen, die im Veranlagungszeitraum erstattet wurden (BFH v. 26.6.1996, X R 73/94, BStBl. II 1996, 646). Übersteigt der Erstattungsbetrag die Kirchensteuer, die im betreffenden Veranlagungszeitraum gezahlt wurde, so wird der übersteigende Betrag mit dem Sonderausgabenabzug des Jahres der Verausgabung verrechnet (BFH, 26.11.2008 X R 24/08, BFH/NV 2009, 568). Ein bestandkräftiger Bescheid ist nach § 175 Abs. 1 Satz 1 Nr. 2 AO als rückwirkendes Ereignis zu ändern (BFH, 28.5.1998, X R 7/96, BStBl. II 1999, 95).

Trotz Kritik hält der BFH in ständiger Rechtsprechung an diesem Verfahren fest (BFH, 8.1.2009, X B 256/07, BFH/NV 2009, 548 ⊙).

2. Beschränkt abzugsfähige Sonderausgaben. Dies sind die nachfolgend aufge- **146** zählten Aufwendungen.

a) Unterhaltsleistungen an den geschiedenen oder dauernd getrennt lebenden **147** **Ehegatten (§ 10 Abs. 1 Nr. 1 EStG).** Unterhaltsleistungen (Geld oder Sachleistungen) an den geschiedenen oder dauernd getrennt lebenden Ehegatten können auf Antrag des Leistenden als Sonderausgaben bis zu einem Betrag von 13.805 € pro Empfänger vom Gesamtbetrag der Einkünfte abgezogen werden.

Der Abzug als Sonderausgaben setzt voraus, dass der Empfänger unbeschränkt **148** steuerpflichtig ist und dem Sonderausgabeabzug zugestimmt hat. Die Zustimmung muss der Geber einholen (H 10.2 EStH ⊙). Der Antrag muss für jedes Kalenderjahr neu gestellt werden, Die Zustimmung des Empfängers ist bis auf Widerruf wirksam. Der Empfänger kann seine einmal erteilte Zustimmung nur von Beginn des Veranlagungszeitraums an widerrufen, für den die Zustimmung erstmals nicht mehr gelten soll. Der Widerruf kann sowohl gegenüber dem Finanzamt des Gebers als auch gegenüber dem Wohnsitz-Finanzamt des Unterhaltsempfängers erklärt werden.

Beispiel: **149**
Die geschiedene Ehefrau S hat ab dem Kalenderjahr 2002 dem Sonderausgabenabzug der Unterhaltsleistungen in Höhe von 13.805 € zugestimmt. Am 13.5.2004 reicht S die Steuererklärung für 2003 bei ihrem Wohnsitz-Finanzamt ein und widerruft die Zustimmung zum Abzug als Sonderausgaben.
Der Widerruf gilt erstmals für das Kalenderjahr 2005.

Ist ein Sonderausgabenabzug nicht möglich (mangels Zustimmung oder weil **150** der Empfänger nicht unbeschränkt einkommensteuerpflichtig ist), können die Unterhaltszahlungen nach § 33a Abs. 1 Satz 1 EStG bis zu einem Betrag von 7.680 € als außergewöhnliche Belastungen vom Gesamtbetrag der Einkünfte abgezogen werden. Ist ein Antrag auf Sonderausgabenabzug mit Zustimmung des Empfängers gestellt worden, werden alle Unterhaltszahlungen gegenüber dem Zustimmenden im Veranlagungsjahr in Sonderausgaben umqualifiziert. Ein Abzug als außergewöhnliche Belastungen ist dann nicht möglich, auch nicht bei Leistungen, die den Höchstbetrag übersteigen (BFH v. 7.11.2000, III R 23/98, BStBl. II 2001, 338 ⊙).

151 Soweit die Unterhaltsleistungen vom Geber abgezogen werden können, hat der Empfänger die Leistungen als sonstige Einkünfte nach § 22 Nr. 1a EStG zu versteuern. Zwischen dem Sonderausgabenabzug des Leistenden und der Erfassung als Einkünfte beim Empfänger besteht eine gesetzlich vorgeschriebene Korrespondenz. Wegen dieser Korrespondenz wird der Sonderausgabenabzug auch als „**Realsplitting**" bezeichnet.

152
> **Beispiel:**
> A zahlt seinem geschiedenen Ehegatten B jährlich Unterhalt in Höhe von 15.000 €.
> Als Sonderausgaben kann A nur den Betrag von 13.805 € geltend machen. B muss (nur) diese 13.805 € versteuern.
> Beschränkt A seinen Antrag auf Sonderausgabenabzug auf einen Betrag in Höhe von 5.000 €, muss B auch nur diesen Betrag versteuern.

 Für den Antrag und die Zustimmung gibt es besondere Vordrucke zur Einkommensteuererklärung (Anlage U).

153 **b) Vorsorgeaufwendungen.** Unter dem Begriff Vorsorgeaufwendungen werden die Beiträge für die in § 10 Abs. 1 Nr. 2 und Nr. 3 EStG aufgeführten Versicherungen zusammengefasst. Mit den Vorsorgebeiträgen will der Gesetzgeber die Familienvorsorge und den Schutz vor Krankheit, Alter und Haftpflichtansprüchen steuerlich fördern.

154 In den ab 2005 geltenden Regelungen (Gesetz zur Neuordnung der einkommensteuerrechtlichen Behandlung von Altersvorsorgeaufwendungen und Altersbezügen – AltEinkG) hat der Gesetzgeber eine Vorgabe des BVerfG (BVerfG, B. v. 6.3.2002, 2 BvL 17/99, BStBl. II 2002, 618 ⊙) umgesetzt und nicht nur die Besteuerung von Renten und Pensionen neu geregelt, sondern auch den Sonderausgabenabzug. Mit einer ab 2005 bis 2025 geltenden Übergangsregelung soll erreicht werden, dass bestimmte Beträge zur Altersvorsorge ab 2005 mit 60 % aus unversteuertem Einkommen geleistet werden, um dann später in Form von Alterseinkünften der sog. nachgelagerten Besteuerung zu unterliegen.

155 Nach dem AltEinkG ist zu unterscheiden zwischen Vorsorgeaufwendungen zur zukünftigen Altersvorsorge als **Basisvorsorge** (nach § 10 Abs. 1 Nr. 2 EStG) und den **sonstigen Vorsorgeaufwendungen** (nach § 10 Abs. 1 Nr. 3 EStG) mit unterschiedlichen Höchstbeträgen.

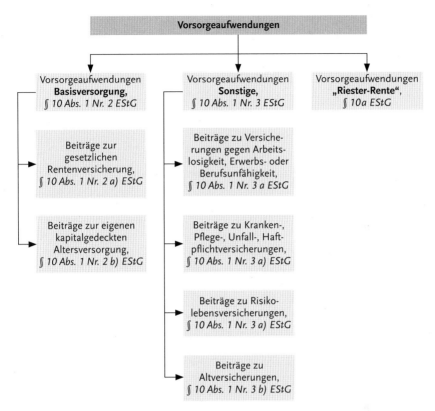

Abb. 9: Einteilung der Sonderausgaben

Allgemeine Voraussetzungen für den Sonderausgabenabzug sind, dass die Ver- **156**
sicherungsbeiträge

- nicht in unmittelbarem wirtschaftlichen Zusammenhang mit steuerfreien
  Einnahmen stehen und
- an Versicherungsunternehmen geleistet werden, die ihren Sitz oder ihre Geschäftsleitung in einem Mitgliedstaat der Europäischen Gemeinschaft oder
  einem anderen Vertragstaat des Europäischen Wirtschaftsraums haben, das
  Versicherungsgeschäft im Inland betreiben dürfen und auch Sozialversicherungsbeiträge abführen.

Beiträge i. S. von § 10 Abs. 1 Nr. 2 und 3 EStG kann derjenige Steuerpflichtige **157**
geltend machen, der sie als **Versicherungsnehmer** (Vertragspartner des Versi-

cherungsunternehmens) aufgewendet hat. Bei Ehegatten ist es gleichgültig, wer Versicherungsnehmer ist oder die Beiträge geleistet hat. Vorsorgebeiträge, die der Arbeitgeber für den Arbeitnehmer geleistet hat, können als Sonderausgaben abgesetzt werden, wenn sie dem Arbeitnehmer als Arbeitslohn zugerechnet werden und vom Arbeitgeber nicht pauschal nach §§ 40–40b EStG pauschal besteuert worden sind (H 10.1 EStH ⊙).

158   Werden Versicherungsbeiträge rückvergütet (z. B. bei schadensfreiem Verlauf von Kranken- oder Haftpflichtversicherungen), so werden sie im Jahr der **Rückvergütung** mit geleisteten Beiträgen aufgerechnet.

159   Die Vorsorgebeiträge sind beschränkt abzugsfähige Sonderausgaben. Die in einem Kalenderjahr abzugsfähigen Beiträge werden durch die **Höchstbeträge des § 10 Abs. 3 und 4 EStG** begrenzt.

Vorsorgeaufwendungen	
Basisversorgung, § 10 Abs. 1 Nr. 2 EStG	Sonstige Vorsorgeaufwendungen, § 10 Abs. 1 Nr. 3 EStG
Sonderausgaben Höchstbetrag nach	
§ 10 Abs. 3 Satz 1 und 2 EStG, **20.000 / 40.000 €**	§ 10 Abs. 4 Satz 1 EStG, **2.400 €**
wird gemindert für	
Beamte, versicherungsfreie Pensionsanwärter, § 10 Abs. 3 Satz 3 EStG, um fiktive Arbeitgeber und Arbeitnehmeranteile zur Rentenversicherung	Arbeitnehmer, Mitversicherte, § 10 Abs. 4 Satz 2 EStG auf **1.500 €**
davon abziehbar	
60 % im VZ 2005, § 10 Abs. 3 Satz 4 und Satz 6 EStG, gekürzt um Arbeitgeberanteil zur gesetzlichen Sozialversicherung	100 %

Abb. 10:   Höchstbetrag für Vorsorgeaufwendungen

160   Für den Übergangszeitraum von 2005 bis 2024 sind die zu berücksichtigenden Aufwendungen mit dem sich aus § 10 Abs. 3 Satz 4 und 6 EStG ergebenden Prozentsatz anzusetzen:

Tab. 4:   Abzugsfähige Vorsorgeaufwendungen in der Übergangszeit

Jahr	Prozentsatz	Jahr	Prozentsatz
2005	60	2016	82
2006	62	2017	84
2007	64	2018	86
2008	66	2019	88
2009	68	2020	90
2010	70	2021	92
2011	72	2022	94
2012	74	2023	96
2013	76	2024	98
2014	78	ab 2025	100
2015	80		

Beispiel 1 (BMF Schreiben BMF v. 30.1.2008, BStBl. I 2008, 390 ●):   **161**
Ein lediger Arbeitnehmer zahlt im Jahr 2008 einen Arbeitnehmeranteil zur
allgemeinen Rentenversicherung i. H. v. 4.000 €. Zusätzlich wird ein steuer-
freier Arbeitgeberanteil in gleicher Höhe gezahlt. Daneben hat der Arbeitnehmer noch eine Leibrentenversicherung im Sinne des § 10 Abs. 1 Nr. 2b
EStG abgeschlossen und dort Beiträge i. H. v. 3.000 € eingezahlt.

Arbeitnehmerbeitrag	4.000 €
Arbeitgeberbeitrag	4.000 €
Leibrentenversicherung	3.000 €
insgesamt	11.000 €
Höchstbetrag	20.000 €
66 % des geringeren Betrages	7.260 €
abzgl. steuerfreier Arbeitgeberanteil	4.000 €
verbleibender Betrag	3.260 €

Im Jahr 2008 können Altersvorsorgeaufwendungen i. H. v. 3.260 € als Sonderausgaben nach § 10 Abs. 1 Nr. 2 i. V. m. Abs. 3 EStG abgezogen werden.
Zusammen mit dem steuerfreien Arbeitgeberbeitrag werden damit Altersvorsorgeaufwendungen i. H. v. 7.260 € von der Besteuerung freigestellt. Dies
entspricht 66 % der insgesamt geleisteten Beiträge.

162   **Beispiel 2** (BMF Schreiben BMF v. 30.1.2008, a. a. O):
Ein lediger Beamter zahlt 3.000 € in eine begünstigte Leibrentenversicherung i. S. des § 10 Abs. 1 Nr. 2 b) EStG, um zusätzlich zu seinem Pensionsanspruch eine Altersversorgung zu erwerben. Seine Einnahmen aus dem Beamtenverhältnis betragen 40.202 €.

Leibrentenversicherung	3.000 €
Höchstbetrag	20.000 €
abzgl. fiktiver Gesamtbeitrag RV	
(40.202 € × 19,9 %)	8.000 €
gekürzter Höchstbetrag	12.000 €
66 % des geringeren Betrages	1.980 €

Im Jahr 2008 können Altersvorsorgeaufwendungen i. H. v. 1.980 € als Sonderausgaben abgezogen werden: Auch bei diesem Steuerpflichtigen werden 66 % der Beiträge von der Besteuerung freigestellt.

163   **Beispiel 3** (BMF-Schreiben v. 30.1.2008, a. a. O.):
Die Eheleute A und B zahlen im Jahr 2008 jeweils 8.000 € für eine Leibrentenversicherung im Sinne des § 10 Abs. 1 Nr. 2 b) EStG. A ist im Jahr 2008 als selbständiger Steuerberater tätig und zahlt darüber hinaus 15.000 € in die berufsständische Versorgungseinrichtung der Steuerberater, die der gesetzlichen Rentenversicherung vergleichbare Leistungen erbringt. B ist Beamtin ohne eigene Aufwendungen für ihre künftige Pension. Ihre Einnahmen aus dem Beamtenverhältnis betragen 40.202 €.

berufsständische Versorgungseinrichtung	15.000 €	
Leibrentenversicherung	16.000 €	
insgesamt		31.000 €
Höchstbetrag	40.000 €	
abzgl. fiktiver Gesamtbeitrag RV		
(40.202 € × 19,9 %)	8.000 €	
gekürzter Höchstbetrag	32.000 €	
66 % des geringeren Betrages		20.460 €

164   Im Jahr 2008 können Altersvorsorgeaufwendungen i. H. v. 20.460 € als Sonderausgaben abgezogen werden:

165   Hat der Steuerpflichtige oder im Fall der Zusammenveranlagung mindestens ein Ehegatte Arbeitslohn bezogen, so wird für Vorsorgeaufwendungen mindestens eine **Vorsorgepauschale** nach Maßgabe des § 10c Abs. 2 bis 5 EStG abgezogen. Bei der Berechnung der Vorsorgepauschale sind fiktive Beiträge zur

Rentenversicherung zu berücksichtigen (§ 10c Abs. 2 Satz 2 Nr. 1 EStG). Bemessungsgrundlage ist der Arbeitslohn, vermindert um den Versorgungsfreibetrag und den Altersentlastungsbetrag, höchstens die Beitragsbemessungsgrenze in der allgemeinen Rentenversicherung. Aus Vereinfachungsgründen ist einheitlich auf die Beitragsbemessungsgrenze (West) abzustellen.

§ 10a EStG regelt einen **zusätzlichen Sonderausgabenabzug für Altersvorsorgebeiträge.** Neben der Rente aus der gesetzlichen Rentenversicherung und neben einer etwaigen betrieblichen Altersvorsorge soll die Rente aus einem Vertrag mit einem privaten Anbieter, sog. **Riester-Rente,** die Altersvorsorge ergänzen. Damit soll der zukünftigen Absenkung des Rentenniveaus begegnet werden. Als Anreiz zum Abschluss solcher Verträge dient der Sonderausgabenabzug nach § 10a EStG und eine Zulage zu den geleisteten Beiträgen (nach §§ 79–99 EStG). Bei der Veranlagung wird von Amts wegen geprüft, ob die Zulage oder der Sonderausgabenabzug günstiger ist. Der zusätzliche Sonderausgabenabzug wird bis zu 2.100 € gewährt (§ 10a Abs. 1 Satz 1 EStG).

166

c) Aufwendungen für die eigene Berufsausbildung (§ 10 Abs. 1 Nr. 7 EStG). § 12 Nr. 5 EStG bestimmt, dass Aufwendungen des Steuerpflichtigen für die erstmalige Berufsausbildung und ein Erststudium, wenn dieses nicht im Rahmen eines Dienstverhältnisses stattfindet, weder bei den einzelnen Einkunftsarten noch vom Gesamtbetrag der Einkünfte abgezogen werden können. Diese Aufwendungen können daher nur im Rahmen des Sonderausgabenabzuges nach § 10 Abs. 7 EStG bis zu 4.000 € berücksichtigt werden.

167

Berufsausbildung ist das Erlernen einer ersten oder weiteren Tätigkeit, die danach gegen Entgelt ausgeübt werden soll. Der Begriff ist abzugrenzen von Fortbildungskosten als beruflich veranlasste Weiterbildungskosten. Der Begriff der Fortbildungskosten (und damit der Abzug als Werbungskosten oder Betriebsausgaben) wird von der Rechtsprechung weit ausgelegt. Als Berufsausbildung ist daher nur eine erste Ausbildung anzunehmen, wenn bisher kein Beruf ausgeübt wurde oder die Ausbildung nur aus privaten Gründen ausgeführt wird.

Als Aufwendungen können die folgenden Kosten abgesetzt werden:

168

- Arbeitsmittel,
- häusliches Arbeitszimmer,
- Fachliteratur,
- Fahrten zwischen Wohnung und Ausbildungsort,
- Fahrkosten nach den Grundsätzen für Auswärtstätigkeit,

- Lehrgangs-, Schul- und Studiengebühren,
- Mehraufwand für Verpflegung.

169   **d) Schulgeld (§ 10 Abs. 1 Nr. 9 EStG).** Der Gesetzgeber hat (worauf Heinicke in Schmidt EStG § 10 Rn. 170 hinweist) in unsystematischer und verfassungsrechtlich nicht notwendiger Weise einen Sonderausgabenabzug in Höhe von 30 % eines erforderlichen Schulgelds bis zu einem Höchstbetrag von 5.000 € je Kind zum Abzug als Sonderausgaben zugelassen. Voraussetzung ist der Besuch einer Schule, die zu einem allgemeinen oder beruflich anerkannten Abschluss führt. Eine weitere Voraussetzung ist, dass der Steuerpflichtige für das Kind Anspruch auf einen Freibetrag nach § 32 Abs. 6 EStG oder auf Kindergeld hat.

170   **e) Steuerbegünstigte Zwecke (§ 10b EStG).** Die Vorschrift gewährt einen Sonderausgabenabzug für die folgenden Aufwendungen:

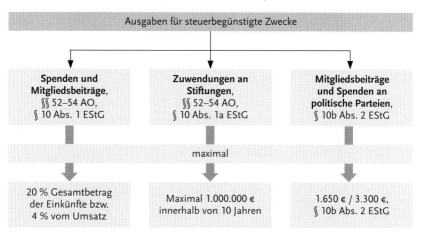

Abb. 11:   Spendenabzug

171   Begriffsbestimmungen:
- **Spenden (§ 10b Abs. 1 Satz 1 EStG)** sind Ausgaben, die freiwillig und unentgeltlich geleistet werden, um steuerbegünstigte Zwecke zu fördern. Sie müssen zu einer endgültigen wirtschaftlichen Belastung geführt haben. Als steuerbegünstigte Zwecke gelten die in §§ 52–54 AO genannten Zwecke.
- **Mitgliedsbeiträge (§ 10b Abs. 1 Satz 2 EStG)** sind Geldleistungen, die ein Mitglied einer Körperschaft (z. B. Verein) aufgrund satzungsmäßiger Vorschriften erbringt. Die Körperschaften müssen die Zwecke des § 52 Abs. 2 Nr. 21–23 AO fördern.

- **Zuwendungen an Stiftungen** (§ 10b Abs. 1a EStG) sind begünstigt, wenn die Stiftungen steuerbefreit sind, d. h. steuerbegünstigten Zwecken nach §§ 52–54 AO dienen.
- **Mitgliedsbeiträge und Spenden an politische Parteien** sind in § 2 des Parteiengesetzes definiert.

Als Ausgabe gilt auch die Zuwendung von Wirtschaftsgütern (Sachspenden) **172** nach § 10b Abs. 3 EStG mit Ausnahme von Nutzungen und Leistungen. Der Sonderausgabenabzug bleibt dem Steuerpflichtigen auch dann erhalten, wenn die Gemeinnützigkeit versagt wird (Vertrauensschutzregelung des § 10b Abs. 4 EStG).

III. Verlustabzug (§ 10d EStG)

Nach dem objektiven Nettoprinzip mindern Verluste die Steuerbemessungs- **173** grundlage. Verluste sind:
- Bilanzverluste (§ 4 Abs. 1 EStG),
- Überschüsse der Betriebsausgaben über die Betriebseinnahmen (§ 4 Abs. 3 EStG),
- Überschüsse der Werbungskosten über die Einnahmen (§ 2 Abs. 2 Nr. 2 EStG).

In der Summe der Einkünfte werden zunächst positive mit negativen Einkünf- **174** ten in der Steuerperiode saldiert, innerhalb der gleichen Einkunftsart als horizontaler Verlustausgleich und zwischen verschiedenen Einkunftsarten als vertikaler Verlustausgleich. Verluste, die auf diesem Weg nicht ausgeglichen werden können, werden durch einen überperiodischen Verlustabzug berücksichtigt.

Negative Einkünfte, die bei der Ermittlung des Gesamtbetrags der Einkünfte **175** nicht ausgeglichen sind, sind vom Gesamtbetrag der Einkünfte des unmittelbar vorangegangenen Veranlagungszeitraums vorrangig vor Sonderausgaben, außergewöhnlichen Belastungen und sonstigen Abzugsbeträgen abzuziehen. Das Gesetz nennt in § 10d Abs. 1 Satz 1 EStG dieses Verfahren Verlustabzug. Soweit negative Einkünfte weder durch Verlustausgleich noch durch Verlustabzug verrechnet wurden, sind sie durch **Verlustvortrag** zeitlich unbegrenzt in den folgenden Veranlagungszeiträumen vom Gesamtbetrag der Einkünfte abzuziehen (§ 10d Abs. 2 Satz 1 EStG).

176 Verlustabzug und Verlustvortrag sind der Höhe nach begrenzt:
- Der Verlustabzug ist begrenzt auf einen Betrag von 511.500 €, bei zusammenveranlagenden Ehegatten auf 1.023.000 €.
- Der Verlustvortrag ist begrenzt auf 1.000.000 €, bei zusammenveranlagenden Ehegatten auf 2.000.000 €. Darüber hinausgehende Verluste können nur noch bis zu 60 % berücksichtigt werden.

Eine Begrenzung des Abzugs von Verlusten außerhalb der Sonderausgabenvorschrift des § 10d findet sich bei den Einkünften aus privaten Veräußerungsgeschäften nach § 22 Nr. 2 EStG in Verbindung mit § 23 EStG und bei den Einkünften aus Leistungen nach § 22 Nr. 3 EStG (s. Rn. 98). Diese Abzugsbeschränkungen werden vorrangig bereits bei der Ermittlung der Summe der Einkünfte berücksichtigt.

177 Der am Schluss eines Veranlagungszeitraums nicht verrechenbare, verbleibende Verlustabzug wird gesondert festgestellt. Der Feststellungsbescheid über die Höhe dieses vortragsfähigen Verlustes ist bindender Grundlagenbescheid für den im folgenden Veranlagungszeitraum zu berücksichtigende Verlustvortrag. Bei der Feststellung müssen die Verluste für jeden Ehegatten getrennt festgestellt werden. Zusätzlich müssen die vortragsfähigen Verluste nach § 22 Nr. 2 und Nr. 3 EStG für jeden Ehegatten festgestellt werden.

178 Das nachfolgende Beispiel erläutert die Berücksichtigung von Verlusten bei der Ermittlung des Einkommens und die Berechnung des Verlustvortrags.

179 **Beispiel** zum Verlustabzug (aus H 10d Amtliches Einkommensteuer-Handbuch 2008 S. 437):

Verbleibender Verlustabzug aus dem vorangegangenen VZ nach § 10d Abs. 2 EStG	Ehemann	Ehefrau
	6.000.000 €	2.000.000 €
aus § 22 Nr. 2 EStG i. V. m. § 23 EStG	500.000 €	4.500.000 €
aus § 22 Nr. 3 EStG		1.000.000 €
Einkünfte im lfd. VZ aus	Ehemann	Ehefrau
§ 15 EStG (Gewerbliche Einkünfte)	1.750.000 €	1.250.000 €
§ 22 Nr. 2 EStG i. V. m.		
§ 23 EStG (Spekulationsgewinne)	2.500.000 €	500.000 €
§ 22 Nr. 3 EStG (Sonstige Leistungen)	250.000 €	250.000 €

Höchstbetragsberechnung nach § 10d Abs. 2 EStG für die Einkünfte § 22 Nr. 2 EStG i. V. m. § 23 EStG	Ehemann 2.500.000 €	Ehefrau 500.000 €
Summe der Einkünfte im lfd. VZ (Ehemann u. Ehefrau)		
§ 22 Nr. 2 EStG i. V. m. § 23 EStG	3.000.000 €	
unbeschränkt abzugsfähig	2.000.000 €	
verbleiben	1.000.000 €	
davon 60 %	600.000 €	
Höchstbetrag	2.600.000 €	
Verhältnismäßige Aufteilung		
Ehemann: 500/5.000.000		260.000 €
Ehefrau: 4.500.000/5.000.000		2.340.000 €
Verlustvortrag max. in Höhe		
der positiven Einkünfte	−260.000 €	−500.000 €
Zwischensumme	2.240.000 €	0 €
Übertragung des Verlustvolumens		
(2.340.000 € − 500.000)	−1.840.000 €	
Einkünfte § 22 Nr. 2 EStG		
i. V. m. § 23 EStG	400.000 €	0 €

Verlustabzug für die Einkünfte aus § 22 Nr. 3 EStG	Ehemann	Ehefrau
Einkünfte nach § 22 Nr. 3 EStG	250.000 €	250.000 €
Verlustvortrag in Höhe der		
positiven Einkünfte		−250.000 €
Übertragung des Verlustvolumens	−250.000 €	
Einkünfte § 22 Nr. 3 EStG	0 €	0 €

Summe der Einkünfte	Ehemann	Ehefrau
§ 15 EStG	1.750.000 €	1.250.000 €
§ 22 Nr. 2 EStG i. V. m. § 23 EStG	400.000 €	0 €
Summe der Einkünfte	2.150.000 €	1.250.000 €
Gesamtbetrag der Einkünfte	3.400.000 €	
Verlustvortrag nach § 10d EStG		
Gesamtbetrag der Einkünfte	3.400.000 €	
unbeschränkt abziehbar	−2.000.000 €	
verbleiben	1.400.000 €	
davon 60 %	840.000 €	

Höchstbetrag	–2.840.000 €
Einkommen nach Verlustabzug	560.000 €
Verhältnismäßige Aufteilung des Verlustabzugs	
Ehemann (6.000.000/8.000.000)	2.130.000 €
Ehefrau (2.000.000/8.000.000)	710.000 €

Berechnung des festzustellenden Verlustvortrags
nach § 10d Abs. 4 EStG zum 31.12.

des lfd. VZ	Ehemann	Ehefrau
Verlustvortrag zum 31.12. des		
vorangegangenen VZ	6.000.000 €	2.000.000 €
abzgl. Verlustabzug im lfd. VZ	2.130.000 €	710.000 €
Verbleibender Verlustvortrag zum		
31.12. des lfd. VZ	3.870.000 €	1.290.000 €
Berechnung des Verlustvortrags aus		
§ 22 Nr. 2 EStG i. V. m. § 23 EStG		
Verlustvortrag zum 31.12. des		
vorangegangenen VZ aus § 22 Nr. 2		
EStG i. V. m. § 23 EStG	500.000 €	4.500.000 €
abzgl. Verlustabzug im lfd. VZ	260.000 €	2.340.000 €
Verbleibender Verlustvortrag zum		
31.12. des lfd. VZ		240.000 €
		2.160.000 €
Berechnung des Verlustvortrags aus		
§ 22 Nr. 3 EStG Verlustvortrag zum		
31.12. des vorangegangenen VZ aus		
§ 22 Nr. 3 EStG		1.000.000 €
abzgl. Verlustabzug im lfd. VZ		500.000 €
Verbleibender Verlustvortrag zum		
31.12. des lfd. VZ		500.000 €

180   Der Verlustabzug steht nur dem Steuerpflichtigen zu, der den Verlust erlitten und wirtschaftlich getragen hat. Der Verlustvortrag ist daher nicht übertragbar. Auch der Erbe kann einen Verlustvortrag des Erblassers nicht geltend machen (BFH, GrS B. v. 17.12.2007, GrS 2/04, BStBl. II 2008, 608 ●).

181   Bei Durchführung des Verlustabzugs sind die negativen Einkünfte nach dem Gesamtbetrag der Einkünfte vor den Sonderausgaben und außergewöhnlichen Belastungen und sonstigen Abzugsbeträgen abzuziehen, zuerst durch Verlustrücktrag, danach durch Verlustvortrag (§ 10d Abs. 1 Satz 1 EStG). Ist für das vorangegangene Veranlagungsjahr bereits ein Steuerbescheid ergangen, ist dieser insoweit zu ändern, als der Verlustabzug zu gewähren ist. § 10d Abs. 1 Satz 3 EStG ist eine eigenständige Änderungsvorschrift außerhalb der Änderungsvorschriften der Abgabenordnung. Die Festsetzungsfrist des Steuerbescheids endet insoweit nicht, bevor die Festsetzungsfrist für den Veranlagungszeitraum abgelaufen ist, in dem die negativen Einkünfte nicht ausgeglichen werden (§ 10d Abs. 1 Satz 4 EStG).

Auf **Antrag** des Steuerpflichtigen ist ganz oder teilweise von der Anwendung **182** eines Verlustrücktrags abzusehen. Im Antrag ist die Höhe des Verlustrücktrags anzugeben.

 Durch den Verlustabzug vor Berücksichtigung von Sonderausgaben und außergewöhnlichen Belastungen kann u. U. der Abzug von Sonderausgaben oder außergewöhnlicher Belastungen ins Leere gehen. Auch kann durch die Kombination von Verlustrücktrag und Verlustvortrag der Grundfreibetrag verloren gehen, oder Progressionsnachteile entstehen oder Zusammenveranlagungsvorteile verloren gehen. Die Entscheidung, in welcher Höhe Verlustrücktrag und Verlustvortrag zu wählen sind, ist daher gut zu überlegen.

Die Auswirkung des Verlustrücktrags mit und ohne Antrag des Steuerpflichti- **183** gen zeigt folgendes **Beispiel**:

Tab. 5: Auswirkung eines unterschiedlichen Verlustrücktrags

	Verlustrücktrag ins Vorjahr ohne Antrag	Verlustrücktrag ins Vorjahr mit Antrag
Gesamtbetrag der Einkünfte	85.000 €	
Verlustrücktrag von 95.000 €	−85.000 €	−69.336 €
Sonderausgaben	0 €	−8.000 €
zu versteuerndes Einkommen	0 €	7.664 €
Tarifbelastung ESt	0 €	0 €
Verbleibender Verlustvortrag	10.000 €	26.664 €

Der am Schluss eines Veranlagungszeitraums verbleibende Verlustvortrag wird **184** gesondert festgestellt (§ 10d Abs. 4 EStG). Der Bescheid ist Grundlagenbescheid i. S. der Abgabenordnung für die Einkommensermittlung des Folgejahres und für den Verlustfeststellungsbescheid des Folgejahres.

5. Kapitel   Familienleistungsausgleich

I. Verfassungsmäßige Freistellung der kindbezogenen Belastung

185 Aufgrund ihrer Unterhaltsverpflichtung entstehen den Eltern Aufwendungen für ihre Kinder. Der dadurch hervorgerufenen Minderung der Leistungsfähigkeit der Steuerpflichtigen muss nach den Urteilen des BVerfG das Steuerrecht Rechnung tragen (BVerfG, B. v. 12.6.1990, 1 BvL 26/84, 1 BvL 4/86 und 1 BvL 72/86, BStBl. II 1990, 664 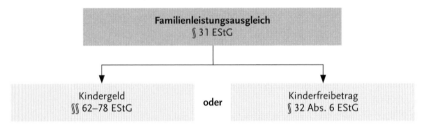). Sie müssen gemäß den Vorgaben des Gerichts eine steuerliche Entlastung enthalten in Höhe des Existenzminimums des Kindes einschließlich des Bedarfs für Betreuung, Erziehung und Ausbildung.

Abb. 12:   Familienleistungsausgleich

186 Die steuerliche Entlastung erfolgt durch die Bewilligung eines monatlichen Kindergeldes außerhalb der Einkommensteuerfestsetzung, geregelt in den §§ 62–78 EStG. Das im Laufe des Kalenderjahres ausgezahlte Kindergeld ist eine Vorausleistung auf die einkommensteuerliche Kinderentlastung für das Existenzminimum des Kindes und die Aufwendungen für die Betreuung und Erziehung oder Ausbildung. Wenn der Anspruch auf Kindergeld nicht die Höhe der Steuerentlastung erreicht, die sich beim Ansatz der Freibeträge nach § 32 Abs. 6 EStG ergibt, sind die Freibeträge anzusetzen. Zur Vermeidung einer doppelten Entlastung ist die tarifliche Einkommensteuer dann um den Anspruch auf Kindergeld zu erhöhen.

Die Prüfung, ob die Entlastung der Eltern durch die Gewährung von Kindergeld **187** (nach §§ 62–78 EStG) oder durch den Abzug der Freibeträge (nach § 32 Abs. 6 EStG) zu entlasten sind, erfolgt von Amts wegen im Rahmen des Veranlagungsverfahrens zur Einkommensteuer nach Ablauf des Kalenderjahres (§ 31 Abs. 1 Satz 4 EStG).

Da das Kindergeld für die ersten beiden Kinder ab 2010 mit monatlich je 184 € **188** 31,5 %, der Freibeträge der Eltern von insgesamt 7.008 € beträgt, bewirken die Freibeträge eine größere steuerliche Entlastung, wenn der Grenzsteuersatz über 31,5 % liegt. Das ist der Fall bei Zusammenveranlagung in Höhe eines zu versteuernden Einkommens von 60.000 €.

II. Berücksichtigung von Kindern

Für die Berücksichtigung eines Kindes ist erforderlich, dass ein Kindschaftsver- **189** hältnis i. S. d. § 32 Abs. 1 oder Abs. 6 Sätze 6 und 7 EStG vorliegt und die altersmäßigen Voraussetzungen des § 32 Abs. 3–5 EStG erfüllt sind.

1. Familiäre Voraussetzungen. Berücksichtigungsfähig sind danach **190**
- im 1. Grad mit dem Steuerpflichtigen verwandte Kinder (§ 32 Abs. 1 Nr. 1 EStG),
- Pflegekinder (§ 32 Abs. 1 Nr. 2 EStG),
- Stiefkinder auf Antrag der Eltern (§ 32 Abs. 6 Satz 6 EStG),
- Enkelkinder auf Antrag der Eltern (§ 32 Abs. 6 Satz 7 EStG).

Im **1. Grad verwandt** sind leibliche Kinder der Mutter nach § 1591 BGB und des **191** Vaters nach § 1592 BGB. Adoptivkinder sind im 1. Grad verwandt, wenn der Steuerpflichtige sie nach § 1752 BGB oder § 1768 BGB angenommen hat. Ein **Pflegekindschaftsverhältnis** setzt voraus, dass das Kind im Haushalt der Pflegeeltern sein Zuhause hat und diese zu dem Kind in einer familienähnlichen, auf längere Dauer angelegten Beziehung wie zu einem eigenen Kind stehen. Ein Pflegekindschaftsverhältnis kann regelmäßig nur beim Tod der leiblichen Eltern angenommen werden, ausnahmsweise bei lebenden Eltern nur in besonderen Umständen (z. B. Auswanderung oder Vernachlässigung). **Großeltern und Stiefeltern** sind berechtigt, wenn sie Enkel oder Stiefkinder in ihren Haushalt aufgenommen haben.

192   2. Altersmäßige Voraussetzungen.

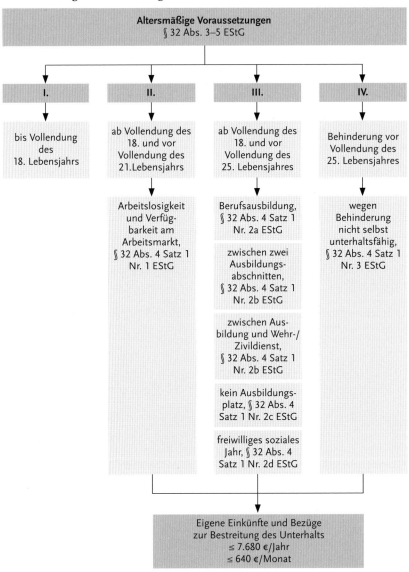

Abb. 13:   Altersmäßige Voraussetzungen für die Berücksichtigung von Kindern

a) Kinder bis zur Vollendung des 18. Lebensjahres. Nach § 32 Abs. **193**
3 EStG wird ein Kind vom Beginn des Kalendermonats an berücksichtigt, in dem es lebend geboren wurde und in jedem folgendem Kalendermonat, zu dessen Beginn es das 18. Lebensjahr noch nicht vollendet hat.

> Das 18. Lebensjahr wird mit Ablauf des Tages vollendet, der dem Geburtstag vorangeht (§ 187 Abs. 2 Satz 2 BGB und § 188 Abs. 2 BGB).

Für die Berücksichtigung müssen keine weiteren Voraussetzungen erfüllt sein. **194**
Ob und ggf. in welcher Höhe das Kind eigene Einkünfte oder Bezüge erzielt, ist unbeachtlich.

b) Kinder ab Vollendung des 18. Lebensjahres. Ab dem Kalendermonat, zu des- **195**
sen Beginn das Kind das 18. Lebensjahr vollendet hat, wird es grundsätzlich nicht mehr berücksichtigt. Der Gesetzgeber geht davon aus, dass nach Eintritt der Volljährigkeit das Kind selbst in der Lage ist, für seinen Lebensunterhalt auszukommen. Da dies häufig jedoch nicht der Fall ist, hat der Gesetzgeber in § 32 Abs. 4 EStG Ausnahmeregelungen getroffen und damit Verlängerungstatbestände geschaffen. Die Ausnahmetatbestände berücksichtigen Arbeitslosigkeit (bis zum 21. Lebensjahr), eine längere Berufsausbildung und Hinderungsgründe für einen früheren Abschluss der Berufsausbildung (bis zum 25. Lebensjahr) und eine körperliche oder geistige Behinderung (bis zum 25. Lebensjahr).

In diesen Fällen wird ein Kind berücksichtigt, wenn seine Einkünfte und Be- **196**
züge, die zur Bestreitung des Unterhalts oder der Berufsausbildung bestimmt oder geeignet sind, den gesetzlich festgelegten Grenzbetrag im Kalenderjahr nicht übersteigen (Jahresfreigrenze § 32 Abs. 4 Satz 5 EStG).

> Der Begriff „**Einkünfte**" umfasst die Einkünfte i. S. d. § 2 Abs. 1 und 2 EStG (BFH, Urt. v. 21.7.2000, VI R 153/99, BStBl. II 2000, 566 ⬤).

Bezüge sind alle zur Bestreitung des Unterhalts oder der Berufsausbildung be- **197**
stimmten oder geeigneten Einnahmen in Geld oder Geldeswert, die nicht im Rahmen der Einkunftsermittlung erfasst werden, also nichtsteuerbare- und steuerfreie Einnahmen.

Zu beachten ist, dass zu den anrechenbaren Bezügen nach einem Urteil des BFH auch der nach §§ 40, 40a pauschal versteuerte Arbeitslohn gehört (BFH, Urt. v. 6.4.1990, III R 131/85, BStBl. II 1990, 885 ●). Danach kann ein Aushilfsverhältnis oder eine Ferienbeschäftigung u. U. zum Verlust des Freibetrags der Eltern führen.

III. Kinderfreibetrag

198   Das zu versteuernde Einkommen als Bemessungsgrundlage für die tarifliche Einkommensteuer wird ermittelt, indem das Einkommen (s. Rn. 59) vermindert wird um die Freibeträge nach § 36 Abs. 6 EStG. Diese Freibeträge berücksichtigen die Unterhaltsverpflichtung der Eltern und Aufwendungen für ihre Kinder. Die dadurch hervorgerufene Minderung der Leistungsfähigkeit der Steuerpflichtigen darf nach dem subjektiven Nettoprinzip (vgl. Rn. 58) nicht durch eine Steuerbelastung verringert werden.

199   Der Kinderfreibetrag des § 32 Abs. 6 EStG berücksichtigt das sächliche Existenzminimum in Höhe von **2.184 € (Kinderfreibetrag)** und die besonderen Kosten für die Betreuung, Erziehung und Ausbildung in Höhe von **1.320 € (Ausbildungsfreibetrag)**. Bei Ehegatten, die zusammen veranlagt werden, verdoppeln sich die Beträge, wenn das Kind zu beiden Eltern in einem Kindschaftsverhältnis steht.

200   Nach § 50 Abs. 1 Satz 3 EStG haben beschränkt einkommensteuerpflichtige Eltern keinen Anspruch auf einen Freibetrag.

IV. Kindergeld

201   Die Regelungen des Kindergeldes sind im Abschnitt X des Einkommensteuergesetzes in den §§ 62–78 enthalten. Sie regeln
- die Anspruchsvoraussetzungen (§§ 62 und 63 EStG),
- Ausschlusstatbestände (§§ 64 und 65 EStG),
- die Höhe (§ 66 EStG) und
- das Verfahren und die Auszahlungsmodalitäten (§§ 67–78 EStG).

1. Anspruchsvoraussetzung (§ 62 und 63 EStG).　　**202**

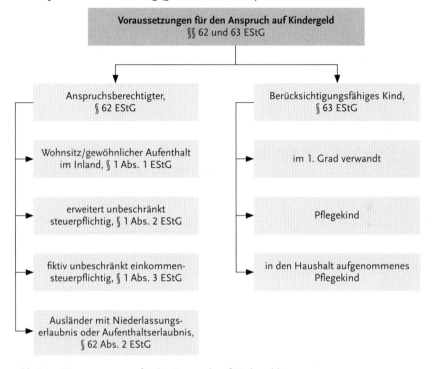

Abb. 14:　Voraussetzungen für den Anspruch auf Kindergeld

2. Höhe, Verfahren und Auszahlung. Das Kindergeld beträgt monatlich jeweils **203** 184 € jeweils für das erste und zweite Kind. Für das dritte Kind beträgt das Kindergeld 190 €, für das vierte Kind und jedes weitere Kind je 215 € (§ 66 Abs. 1 EStG).

Das Kindergeld ist bei der zuständigen Familienkasse schriftlich zu beantragen **204** (§ 67 Satz 1 EStG). Das Kindergeld wird von den Familienkassen durch Bescheid festgesetzt und ausgezahlt (§ 70 Abs. 1 EStG).

Zuständig für die Festsetzung und Auszahlung des Kindergeldes ist das Bun deszentralamt für Steuern. Das Amt bedient sich im Rahmen der Organleihe der Agentur für Arbeit (Familienkasse).

205 Das Kindergeld wird monatlich vom Beginn des Monats gezahlt, in dem die Anspruchsvoraussetzungen erfüllt sind, bis zum Ende des Monats, in dem die Anspruchsvoraussetzungen wegfallen (§ 66 Abs. 2 EStG). Das Kindergeld wird für jedes Kind nur einem Anspruchsberechtigten gezahlt, wird also nicht auf die Eltern aufgeteilt (§ 64 Abs. 2 EStG). Es erhält grundsätzlich der Elternteil, der das Kind in seinen Haushalt aufgenommen hat ("Obhutsprinzip", § 64 Abs. 2 Satz 1 EStG).

V. Durchführung des Familienleistungsausgleichs

206 Bei der Veranlagung zur Einkommensteuer kommt im Rahmen der Ermittlung des zu versteuernden Einkommens ein Abzug des Kinderfreibetrags und des Freibetrags für den Betreuungs-, Erziehungs- oder Ausbildungsbedarf nur dann in Betracht, wenn sie zu einer höheren steuerlichen Entlastung führt als der Anspruch auf Kindergeld. Das Kindergeld wird dann der Einkommensteuer hinzugerechnet.

 Die Hinzurechnung des Kindergeldes erfolgt unabhängig davon, ob ein Antrag auf Auszahlung gestellt wurde oder eine Zahlung erfolgt ist. Der Antrag auf Auszahlung des Kindergeldes muss dann nachgeholt werden.

207 **Beispiel:**
Das zu versteuernde Einkommen der Eheleute A und B beträgt im Jahr 2010 ohne Freibeträge für Kinder 70.000 €. Sie haben für ihre minderjährige Tochter 2.208 € (12 Monate 184 €) erhalten.

Zu versteuerndes Einkommen	70.000 €	
Einkommensteuer hierauf		14.520 €
Kinderfreibetrag	4.296 €	
Freibetrag Erziehung/Ausbildung	2.640 €	
Zu versteuerndes Einkommen	63.064 €	
Einkommensteuer hierauf		12.238 €
Differenz		2.282 €

Da die kindbedingten Freibeträge zu einer höheren Entlastung führen (2.282 €) als das Kindergeld (2.208 €) werden die Kinderfreibeträge von Amts wegen bei der Ermittlung des zu versteuernden Einkommens der Eheleute abgezogen. Das Kindergeld wird der tariflichen Einkommensteuer hinzugerechnet.

Nach Auffassung der Finanzverwaltung ist bei der Vergleichsrechnung auf das **208** einzelne Kind abzustellen (sog. Einzelbetrachtungsweise R 31 Abs. 1 EStR ⊙).

Das Finanzgericht des Landes Sachsen-Anhalt ist in seinem rechtskräftigen Urteil anderer Ansicht. Gleicher Ansicht sind das Finanzgericht Baden-Württenberg und das Finanzgericht München. Nach Meinung der Gerichte könne die Vergleichsberechnung nicht auf das einzelne Kind bezogen werden, sondern nur die Summe des Anspruchs auf Kindergeld mit der gesamten Steuerermäßigung für alle Kinder. Gegen die Urteile der Finanzgerichte Baden-Württemberg und München ist Revision eingelegt (BFH III R 86/07, und III R 50/08).

VI. Erwerbsbedingte Kinderbetreuungskosten (§ 9c EStG)

Durch das FamLeistG v. 22.12.2008 (BGBl I 2955) ist § 9c EStG neu geschaffen **209** worden. Er fasst die davor geltenden Regelungen zur steuerlichen Berücksichtigung von erwerbsbedingten Kinderbetreuungskosten in § 4f EStG und nicht erwerbsbedingter Kinderbetreuungskosten des § 10 Abs. 1 Nr. 5 EStG zusammen.

Durch die Einführung „erwerbsbedingter" Kinderbetreuungskosten soll die Ver- **210** einbarkeit der Kinderbetreuung mit der Erwerbstätigkeit verbessert werden. Die Erwerbstätigkeit des Steuerpflichtigen muss für die Aufwendungen für eine Dienstleistung zur Betreuung des Kindes ursächlich sein. Die Ursächlichkeit wird allerdings bei Vorliegen einer Erwerbstätigkeit unterstellt.

Folgende **Tatbestände** müssen erfüllt sein (§ 9c Abs. 1 Satz 1 EStG): **211**
• Das Kind gehört zum Haushalt des Steuerpflichtigen;
• das Kind hat das 14. Lebensjahr noch nicht vollendet oder ist wegen körperlichen, geistigen oder seelischen Behinderungen nicht in der Lage, sich selbst zu unterhalten;

- die entstandenen Aufwendungen müssen durch Vorlage einer Rechnung und Zahlung auf das Konto des Leistungserbringers nachgewiesen werden.

212   Als **Betreuungsleistungen** können abgezogen werden:
- die Unterbringung in Kindergärten o. ä. Einrichtungen,
- die Beschäftigung von Kinderpflegerinnen oder Erzieherinnen,
- die Beschäftigung von Haushaltshilfen, soweit sie ein Kind betreuen,
- die Beaufsichtigung bei häuslichen Schulaufgaben.

213   Berücksichtigt werden zwei Drittel der Aufwendungen, höchstens 4.000 € je Kind, vorrangig bei der Ermittlung der Einkünfte wie Betriebsausgaben oder Werbungskosten. Bei zusammenveranlagten Eheleuten müssen beide Elternteile erwerbstätig sein (§ 9c Abs. 1 Satz 2 EStG).

214   Nach § 9c Abs. 2 EStG erhalten die gleichen Begünstigungen Steuerpflichtige, die nicht erwerbstätig sind, wenn sie
- sich in Berufsausbildung befinden,
- körperlich oder geistig behindert sind oder
- krank sind.

Die Vorschrift ersetzt die früheren Begünstigungen in § 10 Abs. 1 Nr. 5 EStG.

6. Kapitel   Außergewöhnliche Belastungen

I.   Bedeutung und Anwendungsbereich

Die Einkommensteuer ist eine **Personensteuer**. Die Höhe der Steuer wird durch **215** die persönlichen Verhältnisse der Person und der individuellen Leistungsfähigkeit bestimmt. Bei der Besteuerung werden die Aufwendungen, die mit der Erzielung von Einkünften in Zusammenhang stehen (Betriebsausgaben und Werbungskosten), steuermindernd berücksichtigt. Aufwendungen der Lebensführung gehören zur Einkommensverwendung und können grundsätzlich nicht berücksichtigt werden (Abzugsverbot des § 12 EStG). Ausnahmen bilden Sonderausgaben und die außergewöhnlichen Belastungen nach §§ 33–33b EStG (vgl. Einleitungssatz des § 12 EStG). Nach § 33 EStG können auf Antrag zwangsläufige, außergewöhnliche Belastungen vom Gesamtbetrag der Einkünfte abgezogen werden, soweit sie die in § 33 Abs. 3 EStG bestimmte zumutbare Belastungen übersteigen.

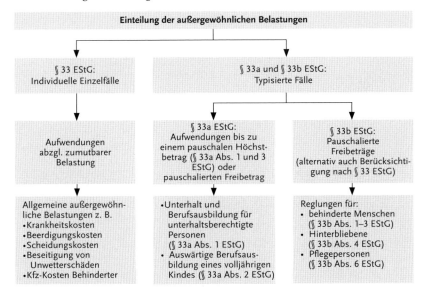

Abb. 15:   Übersicht und Einteilung der außergewöhnlichen Belastungen

216   Die §§ 33–33b EStG decken im System der privaten Abzüge den existenznotwendigen außergewöhnlichen Lebensbedarf ab. §§ 33 ff. EStG sind keine Billigkeitsvorschriften. Sie sind Teil des gesetzlich normierten Einkommensteuersystems und berücksichtigen die subjektive Leistungsfähigkeit. Ziel der §§ 33 ff. EStG ist es, zwangsläufige Mehraufwendungen für den existenznotwendigen Grundbedarf zu berücksichtigen, die sich wegen ihrer Außergewöhnlichkeit einer pauschalen Erfassung in formulierten Entlastungsbeträgen entziehen (BFH, Urt. v. 18.3.2004, III R 31/02, BStBl. II 2004, 867).

217   Während § 33 EStG eine Begriffsbestimmung und allgemeine Anwendungsregelungen enthält, sind in den §§ 33a und 33b EStG besondere Fälle typisierend aufgezählt und abschließend geregelt.

II.   Außergewöhnliche Belastungen nach § 33 EStG

> Für den Abzug als außergewöhnliche Belastungen müssen folgende Voraussetzungen erfüllt sein:
> 1. Antrag
> 2. Aufwendungen
> 3. keine Betriebsausgaben, Werbungskosten, Sonderausgaben oder Aufwendungen, die unter §§ 9 Abs. 5 und 9c EStG fallen
> 4. keine Aufwendungen für Diätverpflegung
> 5. Belastung des Steuerpflichtigen
> 6. Außergewöhnlichkeit der Aufwendungen
> 7. Zwangsläufigkeit der Aufwendungen
> 8. Übersteigen der zumutbaren Belastung.

218   **1. Antrag (§ 33 Abs. 1 EStG).** Für die Berücksichtigung der Aufwendungen als außergewöhnliche Belastungen ist ein Antrag erforderlich. Der Antrag ist formfrei. Es genügt, wenn der Steuerpflichtige bei seiner Einkommensteuererklärung entsprechende Beträge angibt, und ggfs. hierüber Belege einreicht.

219   **2. Aufwendungen (§ 33 Abs. 1 EStG).** Dem Steuerpflichtigen müssen Aufwendungen entstanden sein, Geldleistungen oder Sachleistungen. Entgangene Einnahmen oder Vermögensverluste sind keine berücksichtigungsfähige Aufwendungen.

Beispiele: **220**
- Durch Krankheit entgehen dem freiberuflich Tätigen steuerpflichtige Betriebseinnahmen. Sie können nicht nach § 33 EStG berücksichtigt werden, da kein Geldabfluss vorliegt.
- Dem Steuerpflichtigen werden im Urlaub 500 € gestohlen. Der dadurch entstandene Vermögensverlust stellt keine Aufwendungen i. S. des § 33 EStG dar (vgl. Schmitt/Drenseck in Schmidt EStG, § 33 Rn. 6).

Die Aufwendungen sind grundsätzlich im Jahr des Abflusses (entsprechend   **221**
§ 11 Abs. 2 EStG) zu berücksichtigen. Die Rücklage von Barvermögen zur Bestreitung zukünftiger Aufwendungen sind danach (noch) keine Aufwendungen, auch dann nicht, wenn die Außergewöhnlichkeit der künftigen Aufwendungen bereits feststeht (H 33.1–33.4 EStH 〇).

Beispiel: **222**
Der Steuerpflichtige spart im VZ 2008 Geldbeträge für seinen Eigenanteil einer Zahnbehandlung, die im Kalenderjahr 2009 unumgänglich ist. Die Ansparung im Kalenderjahr 2008 ist nicht als außergewöhnliche Belastungen zu berücksichtigen, da kein Geldabfluss vorliegt. Im Jahr 2009 können die tatsächlichen Aufwendungen im Rahmen des § 33 EStG berücksichtigt werden.

**3. Keine Betriebsausgaben, Werbungskosten, Sonderausgaben oder Aufwend-   223
ungen, die unter §§ 9 Abs. 5 und 9c EStG fallen (§ 33 Abs. 2 Satz 2 EStG).** Von vornherein ausgeschlossen sind Aufwendungen, die ihrer Natur nach zu Betriebsausgaben, Werbungskosten oder Sonderausgaben gehören. Auch berufsbedingte Kinderbetreuungskosten nach §§ 9 Abs. 5 und 9c EStG sind nicht als außergewöhnlichen Belastungen abzugsfähig.

4. Keine Aufwendungen für Diätverpflegung (§ 33 Abs. 2 Satz 3 EStG). Aufwen-   **224**
dungen für eine besondere Ernährung werden nicht als außergewöhnliche Belastungen anerkannt (ausführlich dazu BFH, Urt. v. 21.6.2007, III R 48/04, BStBl. II 2007, 880 〇; gegen das Urteil ist Verfassungsbeschwerde eingelegt worden, Az. 2 BvR 2164/07).

5. Belastung des Steuerpflichtigen. Der Steuerpflichtige muss durch die Auf-   **225**
wendungen belastet sein. Eine Belastung scheidet in folgenden Fällen aus:
- bei Erstattung der Aufwendungen
- bei Erhalt eines Gegenwertes
- bei Vorgängen auf der Vermögensebene.

226   **a) Erstattung der Aufwendungen.** Begleicht ein Steuerpflichtiger Aufwendungen, die außergewöhnliche Belastungen darstellen, und erhält er von einem Dritten diese Aufwendungen teilweise oder in voller Höhe erstattet, ist er in Höhe der Erstattung nicht endgültig belastet. Ein Abzug der Aufwendungen scheidet insoweit aus.

227   **Beispiel:**
Arbeitnehmer A bezahlt in 2008 Krankheitskosten i. H. von 4.500 €. Seine Krankenkasse erstattet ihm im Kalenderjahr 2008 insgesamt 2.250 €. Sein Arbeitgeber gewährt ihm im gleichen Jahr eine Beihilfe i. H. von 600 €. Die Beihilfe ist steuerfrei (nach § 3 Nr. 11 EStG).
B ist wie folgt belastet:

Aufwendungen:	4.500 €
abzgl. steuerfreie Erstattungen der Krankenkasse	– 2.250 €
abzgl. steuerfreie Ersatzleistung seines Arbeitgebers	– 600 €
Belastung	1.650 €

Hiervon ist noch die zumutbare Belastung nach § 33 Abs. 3 EStG abzuziehen.

228   Erfolgt die Erstattung nicht im Jahr des Abflusses, erfolgt eine Kürzung im Abflussjahr. Das Abflussprinzip des § 11 Abs. 2 EStG ist dann nur eingeschränkt anwendbar.

229   Unterbleibt eine Erstattung, weil der Steuerpflichtige einen Ersatzanspruch durch Verzicht oder ein anderes ihm zur Last gelegtes Verhalten verloren hat (z. B. wenn eine allgemein zugängliche und übliche Versicherungsmöglichkeit nicht wahrgenommen wurde oder der Ersatzanspruch bei Geltendmachung bereits verjährt ist), müssen die Aufwendungen gleichwohl mit diesem Anspruch verrechnet werden. Die Belastung ist dann nicht zwangsläufig entstanden.

230   **b) Erhalt eines Gegenwerts.** Eine Belastung liegt nicht vor, wenn der Steuerpflichtige für die Aufwendungen einen Gegenwert erhält (sog. Gegenwertlehre). Ein Gegenwert liegt nach der Rechtsprechung vor, wenn der Gegenstand oder die Leistung eine gewisse Marktgängigkeit besitzt, die in einem Verkehrswert zum Ausdruck kommt (H 33.1–33.4 EStH ⊚).

231   **Beispiel:**
Der Einbau eines Fahrstuhls in einem Einfamilienhaus als behindertengerechte Ausstattung wird abgelehnt (H33.1–33.4 EStH ⊚).

c) Vorgänge auf Vermögensebene. Vorgänge, die auf der Vermögensebene lie- **232**
gen, können nicht berücksichtigt werden. Das sind z. B.
- ein Zugewinnausgleich bei Beendigung der Ehe (§ 1372 ff. BGB),
- ein Versorgungsausgleich bei Beendigung der Ehe (§§ 1587 ff. BGB),
- eine Erbauseinandersetzung.

6. Außergewöhnlichkeit der Aufwendungen. Aufwendungen sind außerge- **233**
wöhnlich, wenn dem Antragsteller größere Aufwendungen erwachsen als der
überwiegenden Mehrzahl der Steuerpflichtigen gleichen Einkommens, gleicher Vermögensverhältnisse und gleichem Familienstand.

7. Zwangsläufigkeit der Aufwendungen dem Grund und der Höhe nach. – a) **234**
Zwangsläufigkeit dem Grunde nach. Aufwendungen sind dem Grunde nach
zwangsläufig, wenn der Steuerpflichtige nicht die Möglichkeit hatte, sich ihnen
aus rechtlichen, tatsächlichen oder sittlichen Gründen zu entziehen, sie also für
ihn unvermeidbar waren.

Nach der Rechtsprechung ist auf die Prüfung der Unabwendbarkeit des Ereig- **235**
nisses zu verzichten, wenn es sich um **höchstpersönliche Angelegenheiten** der
Steuerpflichtigen handelt. Die Ermittlungspflicht und das Ermittlungsrecht der
Finanzbehörde werden verneint, soweit die Beweggründe im höchstpersönli-
chen Lebensbereich zu suchen sind. Deshalb darf nicht geprüft werden, ob der
Steuerpflichtige die Scheidung von seinem Ehegatten hätte vermeiden können.
Gleiches gilt für die Behandlung von Krankheiten.

Die **Zwangsläufigkeit des Ereignisses** ist ebenfalls ohne Prüfung anzuerken- **236**
nen, wenn der Steuerpflichtige keine Ursache für die Entstehung der Aufwendungen gesetzt hat. Beispiele für tatsächliche Gründe, die Aufwendungen als
zwangsläufig erscheinen lassen, sind Geburt, Krankheit, Tod, Unfall, Hochwas-
ser, Überschwemmungen, Krieg, politische Verfolgungen und Vertreibungen
(R 33.2 Nr. 2 EStR ⊙).

Aus **sittlichen Gründen** kann sich der Steuerpflichtige den Aufwendungen **237**
nicht entziehen, wenn für ihn nach dem Urteil billig und gerecht Denkender
eine moralische Verpflichtung besteht, die Leistung zu bewirken.

8. Übersteigen der zumutbaren Belastung (§ 33 Abs. 3 EStG). Aufwendungen, **238**
deren Zwangsläufigkeit dem Grunde nach gegeben sind, können sich nur insoweit steuermindernd auswirken, als sie den Umständen nach notwendig sind
und einen angemessenen Betrag nicht überschreiten. § 33 Abs. 1 EStG verlangt
vom Steuerpflichtigen, dass er einen Teil der außergewöhnlichen Aufwendungen tragen muss, ohne hierfür eine steuerliche Vergünstigung zu erhalten.

Diese sog. **zumutbare Belastung** ist nach der Höhe des Gesamtbetrags der Einkünfte und dem Tarif oder der Zahl der Kinder gestaffelt. Die zumutbare Belastung wird in § 33 Abs. 3 EStG festgelegt.

Tab. 6:   Zumutbare Belastung

Zumutbare Belastung nach § 33 Abs. 3 EStG			
bei einem Gesamtbetrag der Einkünfte	bis 15.340 €	über 15.340 € bis 51.130 €	über 51.130 €
1. bei Stpfl., die keine Kinder haben und bei denen die ESt a) nach § 32a Abs. 1 EStG b) nach § 32a Abs. 5 oder 6 EStG zu berechnen ist	5 4	6 5	7 6
2. bei Stpfl. mit a) einem Kind oder zwei Kindern b) drei oder mehr Kinder	2 1	3 1	4 2
	Prozent des Gesamtbetrags der Einkünfte		

239

Beispiel:
Der Steuerpflichtige S ist unverheiratet. Er hat ein Kind, das im Haushalt der Mutter wohnt. Im Veranlagungszeitraum 2008 erhält B für das Kind nur den Kinderfreibetrag i. H. von 1.824 €. Der Freibetrag für den Betreuungs- und Erziehungs- oder Ausbildungsbedarf wurde auf die Mutter übertragen. Sein Gesamtbetrag der Einkünfte beträgt 52.000 €. Im Kalenderjahr 2008 hat S berücksichtigungsfähige Krankheitskosten i. H. von 1.500 € und Beerdigungskosten i. H. 2.000 € getragen.
Bei der Ermittlung des Einkommens ist folgender Betrag als außergewöhnliche Belastungen abziehbar:

Krankheitskosten	1.500 €
Beerdigungskosten	2.000 €
Dem Grund und der Höhe nach berücksichtigungsfähige Aufwendungen	3.500 €
abzgl. zumutbare Belastung (4 % von 52.000 €)	2.080 €
abzugsfähige außergewöhnliche Belastungen	1.420 €

240   Bei **Ehegatten, die nach § 26b EStG zusammenveranlagt** werden, sind die Ehegatten als ein einziger Steuerpflichtiger zu behandeln. Es kommt daher nicht darauf an, wer die Aufwendungen geleistet hat. Bei der **getrennten Veranlagung** wird der zumutbare Betrag zunächst für die Ehegatten einheitlich wie bei Zusammenveranlagung ermittelt. Der so ermittelte Betrag ist je zur Hälfte oder entsprechend einem gemeinsamen Antrag der Eheleute den Ehegatten zuzurechnen. Bei der **besonderen Veranlagung** nach § 26c EStG werden die Ehegatten so behandelt, als ob sie die Ehe nicht im Veranlagungszeitraum geschlossen hätten. Danach werden die außergewöhnlichen Belastungen dem Ehegatten zugerechnet, der die Aufwendungen getragen hat.

9. Beispiele außergewöhnlicher Belastungen nach § 33 EStG. Im Folgenden werden die Merkmale von häufig beantragten außergewöhnlichen Belastungen beschrieben. **241**

a) Krankheitskosten. Aufwendungen für beruflich veranlasste Krankheitskosten scheiden aus, da sie zu den Betriebsausgaben oder Werbungskosten gehören (§ 33 Abs. 2 EStG). Für privat veranlasste Krankheitskosten wird die Zwangsläufigkeit unterstellt. Auch bei der Höhe der Aufwendungen wird die Zwangsläufigkeit unterstellt. Berücksichtigungsfähig sind nur die unmittelbaren Krankheitskosten. **Nicht abzugsfähig** sind die Aufwendungen, die lediglich der Vorbeugung oder der Erhaltung der Gesundheit dienen. Die Kosten für medizinische Fachliteratur sind nicht abzugsfähig. Besuchsfahrten zu einem für längere Zeit im Krakenhaus liegenden Ehegatten sind **nur abzugsfähig**, wenn der Besuch nach dem Urteil des behandelnden Arztes zur Linderung oder Heilung entscheidend beitragen kann. Von den im Kalenderjahr bezahlten Krankheitskosten sind erhaltene bzw. zu erwartende Erstattungen abzuziehen. **242**

Bei der **Geburt eines Kindes** sind die Kosten für Arzt, Krankenhaus und Hebamme zu berücksichtigen. Die Kosten der Kindesausstattung werden nicht berücksichtigt, da der Steuerpflichtige für die Aufwendungen eine Gegenleistung erhält. **243**

Aufwendungen für die **altersbedingte Unterbringung** in einem Altenwohnheim sind keine Krankheitskosten, sondern Aufwendungen der allgemeinen Lebensführung. **244**

Die Kosten für eine **Kur** können ausnahmsweise anerkannt werden, wenn die Kurbedürftigkeit vor Kurbeginn durch ein Attest nachgewiesen wird oder die Krankenkasse die Notwendigkeit bejaht hat oder sich an den Kosten beteiligt. **245**

b) Beerdigungskosten. Beerdigungskosten sind nach § 1968 BGB Nachlassverbindlichkeiten des Erben. Sie sind dem Grunde nach nur abzuziehen, soweit sie nicht aus dem Nachlass bestritten werden können und nicht durch Erstattungsleistungen gedeckt sind. Die Notwendigkeit und Angemessenheit müssen gegeben sein. **246**

247   **c) Scheidungskosten.** Der Abzug von Aufwendungen im Zusammenhang mit einer Ehescheidung als außergewöhnliche Belastung steht im Zusammenhang mit dem notwendigen gerichtlichen Ehescheidungsverfahren. Der Abzug ist beschränkt auf die unmittelbaren und unvermeidbaren Prozesskosten. Hierzu gehören die Prozesskosten für die Scheidung und den Versorgungsausgleich. Die güterrechtliche Auseinandersetzung vollzieht sich auf der Vermögensebene und ist deshalb nicht berücksichtigungsfähig.

III. Außergewöhnliche Belastungen nach § 33a EStG

248   **1. Abgrenzung des § 33a EStG zu § 33 EStG.** Nach § 33 Abs. 4 EStG geht die Anwendung der Vorschrift der allgemeinen Vorschrift des § 33 EStG als Spezialvorschrift vor. § 33a EStG enthält eigenständige Begriffe der Außergewöhnlichkeit der Aufwendungen und der Zwangsläufigkeit dem Grunde und der Höhe nach. § 33a EStG bestimmt in typisierender Weise abschließend die Sachverhalte, für die eine Steuererleichterung gewährt wird.

249   **2. Aufwendungen für den Unterhalt und eine etwaige Berufsausbildung gesetzlich unterhaltsberechtigter oder gleichgestellter Personen (§ 33a Abs. 1 EStG).**

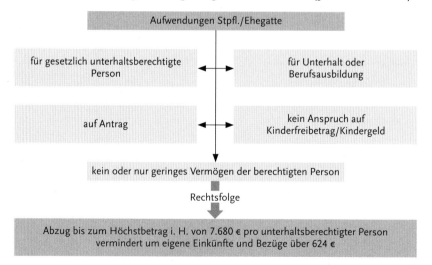

Abb. 16:   Voraussetzungen und Rechtsfolge § 33a Abs. 1 EStG

a) Unterhalt. Nach § 1610 BGB umfassen die Aufwendungen für Unterhalt **250** nicht nur den typischen Unterhalt, sondern auch einen etwaigen außergewöhnlichen Bedarf. Der Unterhalt ist durch eine Geldrente unmittelbar oder mittelbar durch Übernahme von Geldzahlungen (z. B. Miete) oder in anderer Art (z. B. als Sachleistung durch Aufnahme in die Wohnung des Verpflichtenden) zu gewähren. Nach § 33a Abs. 1 EStG wird nur der typische Unterhaltsbedarf begünstigt. Ein außergewöhnlicher Bedarf (z. B. durch Krankheit oder Körperbehinderung) wird durch § 33 EStG erfasst.

b) Berufsausbildung. Als unterhaltspflichtige Berufsausbildung wird grund- **251** sätzlich nur eine Erstausbildung anerkannt. Aufwendungen für eine Zweitausbildung rechtfertigen nur dann eine Steuerermäßigung, wenn ein Berufswechsel aus gesundheitlichen Gründen erforderlich ist oder weil die Erstausbildung auf einer Fehleinschätzung der Begabung beruhte.

c) Unterhaltsberechtigter Personenkreis. Voraussetzung ist eine gesetzliche **252** Unterhaltsverpflichtung nach den Vorschriften des BGB oder des LPartG. Eine weitere Voraussetzung ist, dass weder der Steuerpflichtige noch eine andere Person für den Unterhaltsempfänger einen Anspruch auf Kindergeld oder einen Kinderfreibetrag nach § 32a Abs. 6 EStG hat. Dies schränkt die Anwendung erheblich ein, weil für Kinder regelmäßig irgendeine Person Anspruch auf derartige Leistungen hat.

d) Unterhaltsberechtigung. Eine Person ist unterhaltsberechtigt, wenn sie sich **253** nicht selbst unterhalten kann (§ 1602 BGB). Dies ist dann der Fall, wenn die Aufwendungen für den Unterhalt zwangsläufig anfallen, d. h. wenn kein oder nur ein geringes Vermögen von regelmäßig nicht mehr als 15.500 € vorhanden ist. (§ 33a Abs. 1 Satz 3 EStG).

e) Höhe des abzugsfähigen Betrags. Der Höchstbetrag der abzugsfähigen Auf- **254** wendungen beträgt 7.680 € (§ 33a Abs. 1 Satz 1 EStG). Es handelt sich dabei nicht um einen Freibetrag, sondern die entstandenen Aufwendungen sind nachzuweisen.

Aufwendungen dürfen im Allgemeinen nur als außergewöhnliche Belastung **255** anerkannt werden, wenn sie in einem angemessenen Verhältnis zum Nettoeinkommen des Leistenden stehen und diesem nach Abzug der Unterhaltsleistungen noch angemessene Mittel zur Bestreitung des Lebensbedarfs für sich und seine Familie verbleiben (sog. „Opfergrenze").

Der Prozentsatz beträgt 1 % je volle 500 € des Nettoeinkommens, höchstens **256** 50 %. Dieser Prozentsatz ist um je 5 Prozentpunkte für den Ehegatten und für jedes Kind, für den ein Kinderfreibetrag zusteht, zu kürzen, höchsten um 25 Prozentpunkte (BMF v. 9.2.2006, BStBl. 2006 I S. 217 Rn. 36 ⊙).

257   **Beispiel** zur Berechnung der außergewöhnlichen Belastungen nach § 33a Abs. 1 EStG (nach Rick, Gierschmann et al. Lehrbuch zur Einkommensteuer 2008 S. 363):
A unterstützt seinen 80-jährigen vermögenslosen Großvater B mit insgesamt 3.600 € im Jahr 2008. Der Großvater erhält im Kalenderjahr eine Rente aus der gesetzlichen Rentenversicherung i. H. von 4.800 €. Der steuerfreie Teil der Leibrente beträgt 2.300 €. Die Unterstützung liegt innerhalb der Opfergrenze.

1. Geleistete Unterstützung			3.600 €
(innerhalb der Opfergrenze		7.680 €	

2. Höchstbetrag
a) Ermittlung der Einkünfte

Leibrente (§ 22 Nr. 1 Satz 3)			
(4.800 € – 2.300 €)	2.500 €		
Werbungskosten-Pauschbetrag			
(§ 9a Satz 1 Nr. 3)	−102 €		
sonstige Einkünfte			
(§ 2 Abs. 2 Nr.2)	2.398 €		
= Einkünfte i. S. des			
§ 33a Abs. 1 Satz 4		2.398 €	

b) Ermittlung der Bezüge

Steuerfreier Teil der			
Rentenbezüge	2.300 €		
Kostenpauschale			
(R 32.10 Abs. 3 EStR)	−180 €		
= Bezüge i. S. des			
§ 33a Abs.1 Satz 4 EStG	2.120 €	2.120 €	
Summe der Einkünfte und Bezüge		4.518 €	
anrechnungsfreier Betrag		−624 €	
anzurechnender Betrag		3.894 €	−3.894 €
zu gewährender Höchstbetrag			3.786 € 3.786 €

3. Berücksichtigung des niedrigeren Betrags
aus 1 und 2   3.600 €

Haben die Voraussetzungen des § 33a Abs. 1 EStG nicht während des ganzen **258** Kalenderjahres vorgelegen, so ermäßigt sich der Abzugsbetrag um je 1/12 für jeden vollen Kalendermonat, in dem die Voraussetzungen nicht vorgelegen haben (§ 33a Abs. 3 EStG).

3. Freibetrag zur Abgeltung des Sonderbedarfs für ein volljähriges, in Berufs- 259 ausbildung stehendes auswärtig untergebrachtes Kind (§ 33a Abs. 2 EStG). – a) Auswärtige Unterbringung. Eine auswärtige Unterbringung liegt vor, wenn das Kind außerhalb des Haushalts der Eltern wohnt. Dies ist anzunehmen, wenn für das Kind außerhalb des Haushalts der Eltern eine Wohnung ständig bereitgehalten wird und das Kind außerhalb des Haushalts verpflegt wird. Die Unterbringung muss darauf angelegt sein, die räumliche Selbständigkeit während der gesamten Ausbildung bzw. des Ausbildungsabschnitts zu gewährleisten.

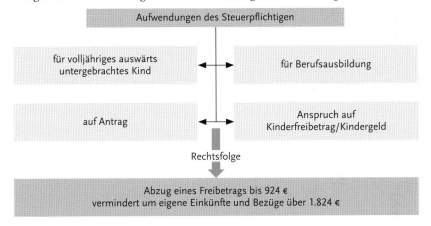

Abb. 17: Voraussetzungen und Rechtsfolge nach § 33a Abs. 2 EStG

b) Höhe des Freibetrags. Der Freibetrag beträgt 924 €. Der Freibetrag vermin- **260** dert sich um die eigenen Einkünfte und Bezüge i. S. des § 32 Abs. 4 Satz 2 und 4 EStG, soweit sie 1.848 € übersteigen, sowie um die von dem Kind erhaltenen öffentlichen Fördermittel.

IV. Pauschbeträge für behinderte Menschen, Hinterbliebene und Pflegepersonen (§ 33b EStG)

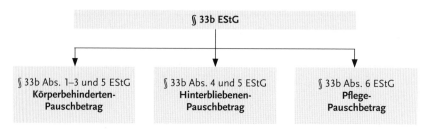

Abb. 18:   Pauschbeträge des § 33b EStG

261 **1. Pauschbeträge für behinderte Menschen.** Behinderten Menschen entstehen wegen ihrer Behinderung ständig größere Aufwendungen, deren Feststellung im Einzelfall schwierig ist. Zur Vereinfachung gewährt § 33b EStG für die unmittelbar durch die Behinderung regelmäßig auftretenden außergewöhnlichen Belastungen abschließend einen pauschalen Abzug vom Gesamtbetrag der Einkünfte.

262 **a) Voraussetzungen.** Aufwendungen für einen Behinderten-Pauschbetrag haben

- schwerbehinderte Personen, deren Grad der Behinderung auf mindestens 50 % festgestellt ist (§ 33b Abs. 2 Nr. 1 EStG), oder
- minderbehinderte Personen, wenn sie zusätzlich mindestens eine der folgenden Voraussetzungen erfüllen:
  - Ihnen stehen Rentenansprüche nach gesetzlichen Vorschriften (§ 33b Abs. 2 Nr. 2 a) EStG) zu, z. B. Unfallgeschädigten, Beamten mit Unfallruhegeld oder
  - ihnen stehen keine Rentenansprüche zu, aber es besteht eine dauernde Einbuße der körperlichen Beweglichkeit oder Behinderung aufgrund einer typischen Berufskrankheit (§ 33b Abs. 2 Nr. 2 b) EStG).

263 **b) Höhe des Pauschbetrags.** Die Höhe des Pauschbetrags ist nach dem Grad der Behinderung gestaffelt (§ 33b Abs. 3 EStG):

Tab. 7:   Behinderten Pauschbetrag des § 33b EStG

von 25 und 30 %	auf	310 €
von 35 und 40%	auf	430 €
von 45 und 50 %	auf	570 €
von 55 und 60 %	auf	720 €
von 65 und 70 %	auf	890 €
von 75 und 80 %	auf	1.080 €
von 85 und 90 %	auf	1.230 €
von 95 und 100 %	auf	1.420 €

Für Behinderte, die hilflos i. S. des § 33b Abs. 6 EStG sind, und für Blinde er-   **264**
höht sich der Pauschbetrag auf 3.700 € (§ 33b Abs. 3 Satz 3 EStG).

Der Steuerpflichtige hat ein Wahlrecht, ob er die entstandenen außergewöhn-   **265**
lichen Belastungen durch den Körperbehinderten-Pauschbetrag nach § 33b
EStG geltend machen will oder durch Einzelnachweis der Aufwendungen nach
§ 33 EStG (§ 33b Abs. 1 EStG). Neben dem Körperbehinderten-Pauschbetrag
nach § 33b EStG können außerordentliche Krankheitskosten nach § 33 EStG
abgezogen werden.

2. Pauschbetrag für Hinterbliebene (§ 33b Abs. 4 EStG). Steuerpflichtige, die   **266**
laufende Hinterbliebenenbezüge erhalten, wird auf Antrag ein Hinterbliebe-
nen-Pauschbetrag i. H. von 370 € gewährt. Der Pauschbetrag kann auch neben
einem Körperbehindertenpauschbetrag gewährt werden. Der Pauschbetrag ist
ein Jahresbetrag. Er wird nicht aufgeteilt, wenn die Voraussetzungen nicht für
das gesamte Kalenderjahr vorlagen (R 33b Abs. 7 Satz 2 und 3 EStR 🔘).

3. Pauschbetrag für Pflegepersonen (§ 33b Abs. 6 EStG).   **267**

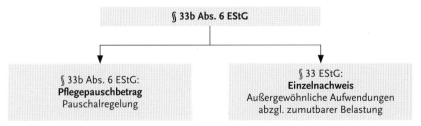

Abb. 19:   Pauschbetrag für Pflegeaufwendungen (§ 33b Abs. 6 EStG)

268   a) **Voraussetzungen.** Für den Abzug von Pflegeaufwendungen sind erforderlich:
- Pflegebedürftigkeit. Die gepflegte Person muss hilflos sein, d. h., die Voraussetzungen zum erhöhten Körperbehinderten-Pauschbetrag nach § 33b Abs. 2 Satz 3 EStG erfüllen;
- persönliche Pflege durch den Steuerpflichtigen. Dieser muss die Pflege selbst vornehmen;
- Vornahme der Pflege im Inland. Die Pflege muss im Inland stattfinden, entweder in der Wohnung des Steuerpflichtigen oder in der Wohnung des Pflegebedürftigen;
- unentgeltliche Pflege.

269   b) **Höhe des Pauschbetrages.** Der Pflege-Pauschbetrag beträgt unabhängig von der Höhe der tatsächlichen Aufwendungen des Pflegenden 924 €. Der Pauschbetrag ist ein Jahresbetrag. Er wird nicht anteilig berechnet, wenn die Voraussetzungen nicht für ein gesamtes Jahr vorgelegen haben.

7. Kapitel   Veranlagung

I.   Einzelveranlagung

Die Einkommensteuer ist eine **Veranlagungssteuer**. Sie wird nach Ablauf eines **270** bestimmten Zeitraums in einem förmlichen Verfahren, dem Veranlagungsverfahren, festgesetzt. Die Einkommensteuer ist eine Jahressteuer (§ 2 Abs. 7 EStG). Sie wird nach § 25 Abs. 1 EStG nach Ablauf des Kalenderjahres (Veranlagungszeitraum) nach dem Einkommen veranlagt, das der Steuerpflichtige in diesem Veranlagungszeitraum bezogen hat.

Sind nur während eines Teils des Kalenderjahres Einkünfte bezogen worden, **271** sind diese Einkünfte nach den Besteuerungsmerkmalen für ein Kalenderjahr als Bemessungsgrundlage anzusetzen. Die Grundlagen für die Veranlagung werden auch dann jeweils für ein Kalenderjahr ermittelt, wenn die unbeschränkte oder die beschränkte Steuerpflicht nicht während des gesamten Jahres bestanden haben. Die nicht der deutschen Einkommensteuerpflicht unterliegenden Einkünfte werden dann im Progressionsvorbehalt berücksichtigt (Einzelheiten der Veranlagung von beschränkt Steuerpflichtigen werden in Rn. 430 dargestellt).

Das Einkommensteuerrecht wird vom **Individualprinzip** bestimmt. Steuersub- **272** jekt und Schuldner der Steuer ist die natürliche Person (§ 1 Abs. 1 Satz 1 EStG). Daher geht auch § 25 EStG davon aus, dass grundsätzlich die Einkommensteuer im Weger der Einzelveranlagung durchgeführt wird.

Auf die Durchführung einer Veranlagung hat der Steuerpflichtige nach § 25 **273** Abs. 1 EStG einen Rechtsanspruch, soweit nicht nach § 43 Abs. 5 EStG (Abgeltungsteuer, s. Rn. 318) und § 46 EStG (Arbeitnehmerveranlagung s. Rn. 281) dem entgegenstehen.

Zur Durchführung des Veranlagungsverfahrens muss der Steuerpflichtige eine **274** Steuererklärung für den abgelaufenen Veranlagungszeitraum abgeben (§ 25 Abs. 3 Satz 1 EStG).

Nach § 149 Abs. 1 Satz 2 AO ist zur Abgabe einer Steuererklärung auch verpflichtet, wer vom Finanzamt nach pflichtgemäßem Ermessen hierzu aufgefordert wurde.

 Nach § 25 Abs. 3 Satz 4 EStG hat der Steuerpflichtige die Einkommensteuererklärung auf einem amtlich vorgeschriebenen Vordruck zu erstellen. Die Einkommensteuer ist eigenhändig zu unterschreiben. Die Steuererklärung kann auch auf elektronischem Wege (durch das sog. ELSTER-Verfahren) erfolgen. Rechtliche Grundlage für die elektronische Datenübermittlung ist § 87a AO i. V. mit der Steuerdaten-Übermittlungsverordnung. Nach § 25 Abs. 4 EStG muss ab 2011 die Einkommensteuererklärung elektronisch abgegeben werden, wenn Einkünfte aus Land- und Forstwirtschaft, Gewerbebetrieb oder aus selbständiger Arbeit erzielt wurden.

275 Die Einkommensteuer wird durch Einkommensteuerbescheid gegenüber dem Steuerpflichtigen festgesetzt und ist wirksam in dem Zeitpunkt, in dem er ihm nach den Vorschriften der Abgabenordnung bekannt gegeben wird.

II. Veranlagung von Ehegatten

276 **1. Splitting-Verfahren.** Auch Ehegatten werden jeder für sich als Steuersubjekt behandelt. Gemeinsam haben sie aber ein Wahlrecht auf eine Zusammenveranlagung, d. h. eine Veranlagung nach den zusammengefassten Merkmalen ihrer objektiven und subjektiven Leistungsfähigkeit (§§ 26–28 EStG). Die Zusammenveranlagung berücksichtigt die Erwerbs- und Verbrauchsgemeinschaft der intakten Durchschnittsehe und ist daher keine Steuervergünstigung.

277 Das Einkommensteuergesetz kennt mehrere Veranlagungsformen für Ehegatten:

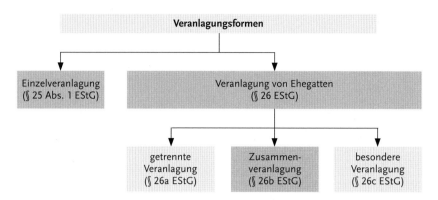

Abb. 20: Veranlagungsformen

2. Getrennte Veranlagung. Ehegatten, die im Veranlagungszeitraum beide un- **278**
beschränkt einkommensteuerpflichtig sind und nicht dauernd getrennt leben,
können zwischen der getrennten Veranlagung (§ 26a EStG) und der Zusammenveranlagung (§ 26b EStG) wählen.

Im Regelfall ist die Zusammenveranlagung günstiger als die getrennte Veranlagung. Dies gilt insbesondere dann, wenn die Höhe der Einkünfte der
beiden Ehegatten sehr unterschiedlich ist. Die Begünstigung des Splitting-
Verfahrens entsteht dadurch, dass sich die Progression des Einkommensteu-
ertarifs jeweils nur auf die Hälfte des insgesamt zu versteuernden Einkommens auswirkt. Dies ergibt einen geringeren Grenzsteuersatz und eine Ver-
ringerung des Durchschnittssatzes.

Beispiel:

	Einkünfte	Grundtabelle	Splittingtabelle	Differenz
Ehemann	50.000 €	12.847 €		
Ehefrau	10.000 €	316 €		
Zusammen	60.000 €	13.163 €	11.251 €	1.912 €

3. Zusammenveranlagung. Werden Ehegatten zusammen veranlagt, werden im **279**
ersten Schritt für den Ehemann und die Ehefrau die Einkünfte getrennt ermittelt. Insoweit gilt das Prinzip der Individualbesteuerung. Die Einkünfte
der beiden Ehegatten werden danach für die weiteren Schritte der Ermittlung
des zu versteuernden Einkommens zusammengerechnet (§ 26b EStG). Die Zu-
sammenrechnung der Einkommen von Ehegatten als Bemessungsgrundlage

bewirkt eine progressive Steuerbelastung, die die Eheleute verfassungswidrig diskreditieren würde. § 32a Abs. 5 EStG bestimmt daher, dass bei der Zusammenveranlagung von Ehegatten die tarifliche Einkommensteuer das Zweifache des Steuerbetrages beträgt, der sich für die Hälfte des gemeinsamen zu versteuernden Einkommens ergibt. § 32a EStG bezeichnet dies als „Splitting-Verfahren".

280   **4. Besondere Veranlagung.** Bei der besonderen Veranlagung nach § 26c Abs. 1 EStG werden Ehegatten im Jahr der Eheschließung so behandelt, als ob sie diese Ehe nicht geschlossen hätten. Dies kann günstiger sein im Falle einer Wiederverheiratung Alleinerziehender oder eines verwitweten Elternteils (vgl. Schmidt/Seeger EStG § 26c Rn. 1).

III. Arbeitnehmerveranlagung

281   **1. Lohnsteuerabzugsverfahren.** Bei den Einkünften aus nichtselbständiger Arbeit (§§ 2 Abs. 1 Nr. 4; 19 EStG) wird die Einkommensteuer durch Abzug vom Arbeitslohn erhoben (§ 38 Abs. 1 Satz 1). Voraussetzung ist:

- der Arbeitgeber ist ein inländischer Arbeitgeber, d. h., er hat Wohnsitz, gewöhnlichen Aufenthalt, Geschäftsleitung oder Sitz im Inland (§ 38 Abs. 1 Satz 1 Nr. 1 EStG), oder
- der ausländische Arbeitgeber ist ein Verleiher und überlässt Arbeitnehmer an inländische Entleiher (§ 38 Abs. 1 Satz 1 Nr. 2 EStG).

282   Die Lohnsteuer ist keine besondere Steuerart, sondern eine besondere Erhebungsform der Einkommensteuer. Mit dem Lohnsteuerabzug ist die Einkommensteuer des Arbeitnehmers im Regelfall abgegolten (§ 46 Abs. 4 EStG). Nur unter den Voraussetzungen des § 46 Abs. 2 EStG ist für den Arbeitnehmer eine Veranlagung durchzuführen. In diesem Fall wird die einbehaltene Lohnsteuer als Vorauszahlung auf die Einkommensteuerschuld angerechnet. Entsprechendes gilt, wenn neben den Einkünften aus nichtselbständiger Arbeit auch andere Einkünfte bezogen werden. Auch in diesen Fällen wird die Jahressteuer unter Anrechnung der bereits geleisteten Vorauszahlungen und der einbehaltenen Steuerabzugsbeträge ermittelt.

Das Einkommensteuergesetz und die Lohnsteuerdurchführungsverordnung (LStDV) enthalten keine Definition des Arbeitgeberbegriffes. Der Begriff des Arbeitgebers ergibt sich mittelbar aus den gesetzlich definierten Begriffen des Arbeitnehmers (§ 1 Abs. 1 LStDV) und des Dienstverhältnisses (§ 1 Abs. 2 LStDV). Arbeitgeber ist danach derjenige, dem der Arbeitnehmer seine Arbeitsleistung aufgrund des Dienstverhältnisses schuldet.

Dem Lohnsteuerabzug unterliegt der dem Arbeitnehmer zugeflossene steuerpflichtige Arbeitslohn. Als Arbeitslohn gelten alle Einnahmen, die dem Arbeitnehmer im Rahmen des einzelnen Beschäftigungsverhältnisses zufließen. Unerheblich ist, ob es sich um Barlohn oder um Sachbezüge handelt (§ 8 EStG), ob der Arbeitslohn fortlaufend oder als Einmalbezug gezahlt wird und ob es sich um ein gegenwärtiges oder ein früheres Beschäftigungsverhältnis handelt. **283**

Schuldner der Lohnsteuer ist der Arbeitnehmer (§ 38 Abs. 2 Satz 1 EStG). Der Arbeitgeber ist aufgrund seiner Einbehaltungspflicht (§ 38 Abs. 3 EStG) und seiner Pflicht zur Abführung der einbehaltenen Lohnsteuer (§ 41a Abs. 1 Satz 1 Nr. 2 EStG) Steuerpflichtiger i. S. d. § 33 AO. Erfüllt er seine Verpflichtungen nicht, kann er nach Maßgabe des § 42d EStG als Haftungsschuldner in Anspruch genommen werden. **284**

a) Ermittlung der Lohnsteuer. Die Ermittlung der Lohnsteuer für die einzelnen Lohnzahlungen innerhalb eines Kalenderjahres erfolgt nach dem Grundprinzip, dass die Lohnsteuer mit dem auf den Lohnzahlungszeitraum entfallenden Teilbetrag der Jahreslohnsteuer zu erheben ist, der sich bei Umrechnung des laufenden Arbeitslohns in einen Jahresarbeitslohn ergibt. **285**

Gem. § 38a Abs. 1 Satz 2 und 3 EStG ist der **Zeitpunkt des Bezugs** von Arbeitslohn maßgebend für die richtige Bemessung der Lohnsteuer. Bei der Bestimmung, wann Arbeitslohn als bezogen gilt, wird zwischen laufendem Arbeitslohn und sonstigen Bezügen unterschieden. **286**

aa) Laufender Arbeitslohn. Nach § 38a Abs. 1 Satz 2 EStG gilt laufender Arbeitslohn in dem Kalenderjahr als bezogen, in dem der Lohnzahlungszeitraum endet. Mit dieser gesetzlichen Fiktion wird – unabhängig vom tatsächlichen Zufluss – der Bezug des Arbeitslohns mit dem Ablauf des jeweiligen Lohnzahlungszeitraums realisiert. Laufender Arbeitslohn ist der Lohn, der dem Arbeitnehmer in regelmäßig fortlaufenden Zeitabständen zufließt (z. B. Monats-, Wochen- und Tagelöhne, Überstundenvergütungen, Zeitzuschläge, Zulagen, regelmäßig gewährte Sachbezüge). **287**

288   **bb) Sonstige Bezüge.** Bezüge, die nur einmal jährlich gezahlt werden, sind nicht als laufender Arbeitslohn, sondern als sonstige Bezüge zu erfassen. Dies gilt auch dann, wenn sich diese Zahlungen mehrere Jahre nacheinander wiederholen. „Sonstiger Bezug" ist der Arbeitslohn, der nicht als laufender Arbeitslohn gezahlt wird. Als solcher kommt in Betracht z. B. Urlaubsgeld, Weihnachtsgeld oder 13. Monatsgehalt, Jubiläumszuwendungen, Tantiemen, Abfindungen, Entschädigungen, Nachzahlungen und Vorauszahlungen, die Lohnzahlungszeiträume betreffen, die nicht im Jahr der Zahlung enden.

289   Gem. § 38a Abs. 1 Satz 3 EStG ist für sonstige Bezüge, abweichend von der Behandlung des laufenden Arbeitslohns, das **Zuflussprinzip (§ 11 EStG)** maßgebend.

290   **Beispiel:**
Lohnzahlungszeitraum ist der Kalendermonat. Neben dem Dezembergehalt 2009 wird das Weihnachtsgeld i. H. v. 1.000 € am 15.1.2010 ausgezahlt. Das Dezembergehalt ist als laufender Arbeitslohn dem Jahr 2009 zuzurechnen, da der Lohnzahlungszeitraum in 2009 endet. Das Weihnachtsgeld ist dem Jahr des Zuflusses, also dem Jahr 2010 zuzuordnen.

291   **b) Lohnsteuerklassen.** Unbeschränkt steuerpflichtige Arbeitnehmer werden in Steuerklassen (Steuerklasse I bis VI) eingereiht. Grundlage für die Steuerklassenbildung sind tarifliche Vorschriften entsprechend dem Familienstand des Arbeitnehmers (Anwendung von Grund- oder Splittingtarif gem. § 32a EStG, Entlastungsbetrag für Alleinerziehende gem. § 24b EStG).

292   Der Lohnsteuertarif basiert für die **Steuerklassen I, II und IV** auf dem Einkommensteuergrundtarif, für die **Steuerklasse III** auf dem Einkommensteuersplittingtarif und für die **Steuerklassen V und VI** auf einem für diesen Zweck aus dem Grundtarif entwickelten Sondertarif („Aufholtarif"). Damit soll eine zu geringe Tarifbelastung korrigiert werden. Diese kann sich dadurch ergeben, dass beim Lohnsteuerabzug des Ehegatten mit der Steuerklasse III die Progressionssteigerung durch den zusätzlichen Arbeitslohn nicht berücksichtigt werden kann. Ebenso kann beim Lohnsteuerabzug durch den ersten Arbeitgeber (Steuerklasse I–V) die Progressionssteigerung durch zusätzlichen Arbeitslohn aus weiteren Dienstverhältnissen nicht berücksichtigt werden.

293   Zuständig für die Einreihung der Arbeitnehmer in Steuerklassen sind die Gemeinden. Sie haben die Lohnsteuerkarten auszustellen. Einzelheiten zur Ausstellung der Lohnsteuerkarte und zu etwaigen Änderungen der Eintragungen im Laufe des Jahres sind in § 39 EStG geregelt.

aa) Ledige Arbeitnehmer. Diese werden eingereiht in   **294**
* Steuerklasse I, wenn ihnen kein Entlastungsbetrag für Alleinerziehende zusteht;
* Steuerklasse II, wenn der Entlastungsbetrag für Alleinerziehende zu berücksichtigen ist.

bb) Verheiratete Arbeitnehmer. Diese werden eingereiht in   **295**
* Steuerklasse I, wenn vom Ehegatten dauernd getrennt lebend oder wenn der Ehegatte nicht unbeschränkt steuerpflichtig ist;
* Steuerklasse II, wenn vom Ehegatten dauernd getrennt lebend oder wenn der Ehegatte nicht unbeschränkt steuerpflichtig ist und der Entlastungsbetrag für Alleinerziehende zu berücksichtigen ist;
* Steuerklasse III, wenn die Ehegatten nicht dauernd getrennt leben und beide unbeschränkt steuerpflichtig sind und der Ehegatte entweder keinen Arbeitslohn bezieht oder auf Antrag in die Steuerklasse V eingereiht wird;
* Steuerklasse IV, wenn die Ehegatten nicht dauernd getrennt leben und beide unbeschränkt steuerpflichtig sind und der Ehegatte ebenfalls Arbeitslohn bezieht;
* Steuerklasse V, wenn grds. Steuerklasse IV anzuwenden wäre und der Ehegatte auf Antrag in Steuerklasse III eingereiht wird.

cc) Verwitwete Arbeitnehmer. Diese werden eingereiht in   **296**
* Steuerklasse I, wenn kein Entlastungsbetrag für Alleinerziehende zu berücksichtigen und Steuerklasse III nicht anzuwenden ist;
* Steuerklasse II, wenn der Entlastungsbetrag für Alleinerziehende zu berücksichtigen ist;
* Steuerklasse III, für das Kalenderjahr, das dem Kalenderjahr folgt, in dem der Ehegatte verstorben ist, wenn die Ehegatten im Zeitpunkt des Todes beide unbeschränkt steuerpflichtig waren und nicht dauernd getrennt gelebt haben.

dd) Geschiedene Arbeitnehmer. Diese werden eingereiht in   **297**
* Steuerklasse I, wenn kein Entlastungsbetrag für Alleinerziehende zu berücksichtigen und Steuerklasse III nicht anzuwenden ist;
* Steuerklasse II, wenn der Entlastungsbetrag für Alleinerziehende zu berücksichtigen ist;
* Steuerklasse III, für das Kalenderjahr der Auflösung der Ehe, wenn die Ehegatten in diesem Jahr beide unbeschränkt steuerpflichtig waren und nicht dauernd getrennt gelebt haben und der andere Ehegatte wieder geheiratet hat.

298   **ee) Faktorverfahren.** Ehegatten, die beide Arbeitnehmer sind, können zwischen der Steuerklassenkombination IV/IV und III/V wählen. Bei Steuerklasse IV wird der Arbeitnehmer-Ehegatte wie eine Einzelperson behandelt, sodass der Einkommensteuergrundtarif maßgebend ist. Die Lohnsteuerermittlung für Steuerklasse III basiert dagegen auf dem Splittingtarif, was zur Folge hat, dass die Lohnsteuer des Ehegatten mit der Steuerklasse III unter der Jahressteuer liegt, die sich für ihn allein ergeben würde. Diese zu gering ausfallende Lohnsteuer wird ergänzt durch die Lohnsteuer des anderen Ehegatten, die nach Steuerklasse V ermittelt wird und damit entsprechend höher ausfällt.

299   Ab 2010 ist auf Antrag der Ehegatten anstelle der Steuerklassenkombination III/V das „Faktorverfahren" anzuwenden, d. h. die Steuerklassenkombination IV-Faktor/IV-Faktor zu wählen (§ 39f EStG). Dadurch soll die monatlich zu zahlende Lohnsteuer im Verhältnis zum Gesamteinkommen der Ehegatten berechnet werden, was zu einer gerechteren steuerlichen Belastung des einzelnen Ehegatten führen soll.

300   Der maßgebende Faktor ist von den Ehegatten gemeinsam formlos beim Finanzamt zu beantragen. Damit das Finanzamt den Faktor errechnen kann, müssen die Ehegatten die voraussichtlichen Jahresarbeitslöhne angeben.

301   Entsprechend der Grundregel des § 38b Satz 2 Nr. 4 EStG wird beim Faktorverfahren für beide Ehegatten die Steuerklasse IV angewandt. Durch einen auf beiden Lohnsteuerkarten der Ehegatten einzutragenden Faktor wird beim Lohnsteuerabzug die steuermindernde Wirkung des Splittingtarifs (§ 32a Abs. 5 EStG) berücksichtigt. Der maßgebende Faktor wird vom Finanzamt auf der Lohnsteuerkarte beider Ehegatten eingetragen, wenn er kleiner als 1 ist.

302   Der Faktor ermittelt sich aus der Formel Y/X. Y ist die im Splittingverfahren ermittelte Einkommensteuer beider Ehegatten unter Berücksichtigung der in § 39b Abs. 2 EStG vorgesehenen Abzugsbeträgen. X ist die Summe der Lohnsteuer beider Ehegatten, ermittelt nach Steuerklasse IV.

Beispiel: 303

	Ehemann	Ehefrau	zusammen
Arbeitslohn	50 000,00 €	15 000,00 €	
LSt Stkl. IV (X)	10.184 €	631 €	10.815 €
ESt Splittingtarif angenommen (Y)			9.654 €
Faktor (Y/X)	0,892	0,892	
LSt nach Faktor	9.654 €	562 €	9.646 €
LSt bei Anwendung III/V	6.274 €	2.251 €	8.525 €

Im Lohnabzugsverfahren ermittelt der Arbeitgeber die Lohnsteuer gem. Steu- **304**
erklasse IV und wendet auf die so ermittelte Lohnsteuer den Faktor an.

Aus dem Beispiel ergibt sich Folgendes:
- Die Summe der Lohnsteuerbeiträge beider Ehegatten bei der Wahl der
  Steuerklasse III/V ist niedriger als die voraussichtliche Einkommensteuer. Mit der späteren Pflichtveranlagung (vgl. Rn. 312) für dieses Jahr
  ergibt sich eine Nachzahlung und es werden Vorauszahlungen für das
  folgende Kalenderjahr festgesetzt.
- Beim Lohnsteuerabzug nach den Steuerklassen IV/IV ergibt sich eine voraussichtliche Steuererstattung bei einer zu empfehlenden Veranlagung
  auf Antrag (vgl. Rn. 313).
- Das Faktorverfahren führt nicht nur zu einer gerechteren Aufteilung der
  Lohnsteuer, sondern entspricht der Einkommensteuerveranlagung nach
  dem Splitting-Tarif.

ff) Weitere Beschäftigungsverhältnisse. Für jedes weitere Beschäftigungsver- **305**
hältnis wird der Arbeitnehmer in die Steuerklasse VI eingestuft.

c) Berechnung des Lohnsteuerabzugs. – aa) Laufender Arbeitslohn. In § 39b **306**
Abs. 2 EStG werden die Arbeitsschritte vorgeschrieben, nach denen der Arbeitgeber die Lohnsteuer auf den laufenden Arbeitslohn zu ermitteln hat:
1. Bestimmung des Lohnzahlungszeitraums (§ 38a EStG, Monat, Woche, Tag),
2. Ermittlung des darauf entfallenden laufenden Arbeitslohns,
3. Hochrechnung des ermittelten Arbeitslohns auf einen Jahresarbeitslohn,
4. Kürzung des Jahresarbeitslohns um Versorgungsfreibetrag/Zuschlag zum
   Versorgungsfreibetrag, Altersentlastungsbetrag, Freibetrag gem. Lohnsteuerkarte, Pauschbetrag gem. § 9a Nr. 1, Sonderausgabenpauschbetrag gem.
   § 10c Abs. 1 EStG, Vorsorgepauschale gem. § 10c EStG, Entlastungsbetrag
   für Alleinerziehende gem. § 24b EStG,

5. Ermittlung der darauf entfallenden Jahreslohnsteuer entsprechend der auf der Lohnsteuerkarte eingetragenen Steuerklasse,

6. Ermittlung der auf den Lohnzahlungszeitraum entfallenden Lohnsteuer mit 1/12 (monatlicher Lohnzahlungszeitraum) oder 7/360 (wöchentlicher Lohnzahlungszeitraum) oder 1/360 (täglicher Lohnzahlungszeitraum).

bb) Sonstige Bezüge. § 39b Abs. 3 Sätze 1 bis 7 EStG regelt die Technik der Lohnsteuerermittlung bei sonstigen Bezüge

1.	bisher gezahlter laufender Arbeitslohn
+	bisher gezahlte sonstige Bezüge
+	voraussichtlicher laufender Arbeitslohn bis Jahresende
–	ggf. Versorgungsfreibetrag/Zuschlag zum Versorgungsfreibetrag
–	ggf. Altersentlastungsbetrag
–	ggf. Freibetrag lt. Lohnsteuerkarte
+	ggf. Hinzurechnungsbetrag lt. Lohnsteuerkarte
=	maßgebender Jahresarbeitslohn ohne sonstigen Bezug
2.	maßgebender Jahresarbeitslohn gem. 1
+	sonstiger Bezug (ggf. gekürzt um Versorgungsfreibetrag/Zuschlag zum Versorgungsfreibetrag bzw. Altersentlastungsbetrag, soweit diese nicht bereits bei der Ermittlung des maßgebenden Jahresarbeitslohns berücksichtigt worden sind)
	maßgebender Jahresarbeitslohn mit sonstigem Bezug
3.	Jahreslohnsteuer auf 2.
–	Jahreslohnsteuer auf 1.
=	Lohnsteuer auf sonstigen Bezug

307 **2. Lohnsteuerpauschalierung.** Das Pauschalierungsverfahren der §§ 40–40b EStG ist ein Besteuerungsverfahren eigener Art. Die pauschale Lohnsteuer wird in einem vereinfachten Verfahren, losgelöst von den Vorschriften über den individuellen Lohnsteuerabzug ermittelt. Unabhängig von arbeitsvertraglichen Vereinbarungen erklärt allein der Arbeitgeber dem Finanzamt gegenüber, dass die Lohnsteuer pauschaliert wird. Der Arbeitnehmer ist in das Verfahren nicht eingebunden.

Die Pauschalierungsmöglichkeiten sind in den §§ 40–40b EStG abschließend **308**
geregelt. Dabei wird zwischen der Pauschalierung mit festen und variablen
Steuersätzen unterschieden.

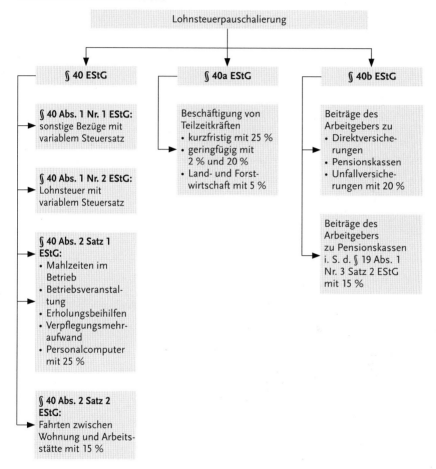

Lohnsteuerpauschalierung		
§ 40 EStG	**§ 40a EStG**	**§ 40b EStG**
§ 40 Abs. 1 Nr. 1 EStG: sonstige Bezüge mit variablem Steuersatz	Beschäftigung von Teilzeitkräften • kurzfristig mit 25 % • geringfügig mit 2 % und 20 % • Land- und Forstwirtschaft mit 5 %	Beiträge des Arbeitgebers zu • Direktversicherungen • Pensionskassen • Unfallversicherungen mit 20 %
§ 40 Abs. 1 Nr. 2 EStG: Lohnsteuer mit variablem Steuersatz		
§ 40 Abs. 2 Satz 1 EStG: • Mahlzeiten im Betrieb • Betriebsveranstaltung • Erholungsbeihilfen • Verpflegungsmehraufwand • Personalcomputer mit 25 %		Beiträge des Arbeitgebers zu Pensionskassen i. S. d. § 19 Abs. 1 Nr. 3 Satz 2 EStG mit 15 %
§ 40 Abs. 2 Satz 2 EStG: Fahrten zwischen Wohnung und Arbeitsstätte mit 15 %		

Abb. 21: Pauschalierungsmöglichkeiten

Schuldner der pauschalen Lohnsteuer ist gem. § 40 Abs. 3 EStG der Arbeitge- **309**
ber. Konsequenterweise werden der pauschal versteuerte Arbeitslohn und die
darauf entfallende pauschale Lohnsteuer bei der Einkommensteuerveranlagung des Arbeitnehmers außer Ansatz gelassen.

Pauschal besteuerte Bezüge sind in der Regel nicht sozialversicherungs-
pflichtig (Ausnahme: § 40 Abs. 1 Nr. 2 EStG), sodass ein Motiv für die Pauschalierung häufig in der Einsparung der Sozialversicherungsbeiträge liegt.
Der Unterschied zur Nettolohnvereinbarung besteht in der arbeitsvertraglichen Vereinbarung. Bei der Nettolohnvereinbarung verpflichtet sich der Arbeitgeber dem Arbeitnehmer gegenüber zur Übernahme der Lohnabzugsbe-
träge. Im Verhältnis zum Finanzamt aber bleibt der Arbeitnehmer Schuldner
der Lohnsteuer.

310 **3. Veranlagung von Arbeitnehmern.** Eine Veranlagung von Arbeitnehmern ist
allgemein nicht vorgesehen, sondern darf nur in den Fällen erfolgen, in denen
eine solche gesetzlich vorgeschrieben oder zumindest zugelassen ist. Kommt
eine Veranlagung nicht in Betracht, so gilt die Einkommensteuer, die auf die
Einkünfte aus nichtselbständiger Arbeit entfällt, durch den Lohnsteuerabzug
als abgegolten.

311 Die Fälle, in denen die Veranlagung vorgeschrieben oder zugelassen ist, sind in
§ 46 EStG zusammenfassend geregelt.

312 **a) Pflichtveranlagung.** Besteht das Einkommen ganz oder teilweise aus Einkünften aus nichtselbständiger Arbeit, von denen ein Steuerabzug vorgenommen wurde, ist in den Fällen des § 46 Abs. 2 Nr. 1–7 EStG eine Pflichtveranlagung von Amts wegen durchzuführen. In diesen Fällen muss der Arbeitnehmer
eine Einkommensteuererklärung abgeben.
- **Veranlagung gemäß § 46 Abs. 2 Nr. 1 EStG:**
  Die Vorschrift enthält zwei Tatbestände: wenn die positive Summe der Einkünfte ohne Lohnsteuerabzugspflicht oder die Summe der Einkünfte und
  Leistungen, die dem Progressionsvorbehalt des § 32b EStG unterliegen haben, die Grenze von **410 €** überschreiten.
- **Veranlagung gemäß § 46 Abs. 2 Nr. 2 EStG:**
  Ein Arbeitnehmer ist von Amts wegen zu veranlagen, wenn er nebeneinan-
  der von **mehreren Arbeitgebern** Arbeitslohn bezogen hat. Damit wird bei der
  Veranlagung der korrekte Progressionssatz angewandt.

Daher wird keine Veranlagung durchgeführt, wenn mehrere Dienstver-
hältnisse nach § 38 Abs. 3a Satz 7 EStG auf einer Lohnsteuerkarte abgerechnet werden (z. B. im Zusammenhang mit Altersruhegeld).

- **Veranlagung gemäß § 46 Abs. 2 Nr. 3 EStG:**
  Eine Veranlagung wird durchgeführt, wenn die im Lohnsteuerabzugsverfahren berücksichtigten **Vorsorgeaufwendungen** nicht den tatsächlich geleisteten Krankenversicherungsbeiträgen entsprechen.

Die Höhe der tatsächlich geleisteten Sonderausgaben werden von den Krankenkassen gemeldet, die im Lohnsteueranbzugsverfahren berücksichtigten vom Arbeitgeber. Voraussetzung für den vollständigen Abzug der Krankenversicherungsbeiträgen ist die Zustimmung des Arbeitnehmers zur Datenübermittlung. Stimmt er dieser Ermittlung nicht zu, wird nur die erheblich geringere Vorsorgepauschale berücksichtigt.

- **Veranlagung gemäß § 46 Abs. 2 Nr. 3a EStG**
  Eine Veranlagung ist durchzuführen für Ehegatten, bei die beide Arbeitslohn beziehen und der Lohnsteuerabzug nach der **Steuerklassenwahl III/V oder dem Faktorverfahren** durchgeführt wurde.
- **Veranlagung gemäß § 46 Abs. 2 Nr. 4 EStG:**
  Eine Veranlagung wird durchgeführt bei Arbeitnehmern, die einen **Freibetrag auf ihrer Lohnsteuerkarte** (§§ 39a Abs. 1 Nr. 1–3, 5 oder 6 EStG) eingetragen haben.
- **Veranlagung gemäß § 46 Abs. 2 Nr. 4a EStG:**
  Zur Verhinderung einer Doppelberücksichtigung werden Arbeitnehmer veranlagt, die nicht die Voraussetzungen einer Zusammenveranlagung besitzen und für die **hälftige familienbezogene Freibeträge** (nach § 32 Abs. 6 ESG) berücksichtigt werden.
- **Veranlagung gemäß § 46 Abs. 2 Nr. 5 EStG:**
  Wurden **Entschädigungen oder Vergütungen für mehrjährige Tätigkeiten** im Veranlagungszeitraum steuerbegünstigt nach § 39b Abs. 3 Satz 9 EStG abgerechnet, ist ebenfalls eine Veranlagung durchzuführen.
- **Veranlagung gemäß § 46 Abs. 2 Nr. 5a EStG:**
  Wenn der Arbeitgeber die **Lohnsteuerbescheinigung aus einem früheren Arbeitsverhältnis nicht vorgelegt** hat und der Arbeitgeber daher einen sonstigen Bezug nicht korrekt ermitteln kann, muss eine Veranlagung als Korrekturmaßnahme durchgeführt werden.
- **Veranlagung gemäß § 46 Abs. 2 Nr. 6 EStG:**
  Ein Arbeitnehmer ist von Amts wegen zu veranlagen, wenn die Ehe im Veranlagungszeitraum durch Tod, Scheidung oder Aufhebung endete und der Arbeitnehmer oder sein Ehegatte im Veranlagungszeitraum wieder geheiratet haben.

- **Veranlagung gemäß § 46 Abs. 2 Nr. 7 EStG:**
  Grenzpendler und verheiratete Arbeitnehmer, deren Ehegatten im Ausland wohnen, werden veranlagt, wenn die Lohnsteuer nach der Steuerklasse III erhoben wurde.

313 b) **Veranlagung auf Antrag (§ 46 Abs. 2 Nr. 8 EStG).** Die Antragsveranlagung ist eine Maßnahme zur Erstattung überzahlter Lohnsteuer. Sie ist nicht auf die Festsetzung einer Steuerschuld gerichtet. Wenn sich im Rahmen der Veranlagung eine Nachzahlung ergibt, kann diese durch Rücknahme des Antrags auf Veranlagung vermieden werden, wenn kein Tatbestand einer Pflichtveranlagung erfüllt ist.

314 Der Antrag auf Veranlagung ist durch die Abgabe einer Einkommensteuererklärung zu stellen. Der Antrag ist innerhalb der allgemeinen Festsetzungsfrist von vier Jahren zu stellen.

IV. Steuerabzug für Bauleistungen

315 Die Vorschriften der §§ 48–48d EStG wurden zur Eindämmung der illegalen Betätigung im Baugewerbe geschaffen. Nach dieser Vorschrift haben unternehmerisch tätige Auftraggeber von Bauleistungen als Leistungsempfänger im Inland einen Steuerabzug von 15 % der Gegenleistung vorzunehmen und für Rechnung des die Bauleistungen erbringenden Unternehmens (Leistender) abzuführen, wenn nicht eine vom Finanzamt ausgestellte Freistellungsbescheinigung vorliegt.

316 Abzugsverpflichtet ist der Leistungsempfänger, wenn er ein Unternehmer i. S. von § 2 UStG ist und die Bauleistung im Inland erbracht wird.

 Die Abzugsverpflichtung betrifft auch Steuerpflichtige, die ausschließlich steuerfreie Umsätze erbringen, z. B. Vermieter, oder Ärzte, aber auch Kleinunternehmer i. S. d. § 19 Abs. 2 UStG.

317 Bauleistungen sind alle Leistungen, die der Herstellung, Instandsetzung, Instandhaltung, Änderung oder Beseitigung von Bauwerken dienen (§ 48 Abs. 1 Satz 3 EStG).

Die gesetzliche Definition wird in einem BMF-Schreiben vom 27.12.2002, BStBl. I 2002, 1399 ● erläutert.

Wegen der Kompliziertheit der im Gesetz zugelassenen Ausnahmen vom Steuerabzug und der gesetzlichen Haftung des Leistungsempfängers für den Abzugsbetrag (§ 48a Abs. 3 Satz 1 EStG), ist dem Leistungsempfänger zu empfehlen, sich eine Freistellungsbescheinigung des Leistungsempfängers gem. § 48b EStG vorlegen zu lassen.

V. Steuerabzug bei den Einkünften aus Kapitalvermögen (Abgeltungsteuer)

Bis einschließlich 2008 wurden die Einkünfte aus allen Einkunftsarten in der Summe der Einkünfte zusammengefasst (vgl. Rn. 24). Mit Wirkung ab dem Veranlagungszeitraum 2009 werden die Einkünfte aus Kapitalvermögen grundsätzlich herausgenommen und nach § 32d Abs. 1 Satz1 EStG mit einem einheitlichen Steuersatz von 25 % versteuert. Als Abgeltungsteuer bezeichnet man diese Versteuerung, weil diese Einkünfte grundsätzlich nicht mehr bei der Besteuerung aus dem zu versteuernden Einkommen berücksichtigt werden. **318**

Lediglich für die Ermittlung der Bezugsgrößen des Einkommensteuerrechts, soweit für Rechtsnormen auf diese Bezugsgröße zurückgegriffen wird, werden die Kapitalerträge nach § 20 EStG noch berücksichtigt (§ 2 Abs. 5a EStG), **319**
- auf Antrag bei Zuwendungen nach § 10b EStG (§ 2 Abs. 5b Satz 2 Nr. 1 EStG),
- bei der Ermittlung der eigenen Einkünfte (§ 2 Abs. 5b Satz 2 Nr. 2 EStG)
  - eines Kindes nach § 32 Abs. 4 Satz 2 EStG,
  - der unterstützten Personen nach § 33a Abs. 1 Satz 4 und Abs. 2 Satz 2 (§ 2 Abs. 5b Satz2 Nr. 2 EStG) und
  - der Höhe der zumutbaren Belastung nach § 33 Abs. 3 EStG.

8. Kapitel   **Steuersätze und Steuerermäßigungen**

I.   Berechnung der festzusetzenden Einkommensteuer

320   Aus der Bemessungsgrundlage des zu versteuernden Einkommens ist die Einkommensteuer nach § 2 Abs. 6 EStG zu berechnen. Das Schema zur Berechnung der festzusetzenden Einkommensteuer geben die Einkommensteuerrichtlinien in R 2 Abs. 2 EStR 🔵 vor *(nachstehende Tabelle wurde ergänzt durch Zeile 11a nach Art. 5 ErbStRG ab 1.1.2009).*

Tab. 8:   Ermittlung der festzusetzenden Einkommensteuer

1		Steuerbetrag nach § 32a Abs. 1, 5, § 50 Abs. 3 EStG oder nach dem bei Anwendung des Progressionsvorbehalts (§ 32b EStG) oder der Steuersatzberechnung sich ergebender Steuersatz
2	+	Steuer aufgrund Berechnung nach §§ 34, 34b EStG
2a	+	Steuer aufgrund Berechnung nach § 32d Abs. 3 EStG (ab VZ 2009)
3	+	Steuer aufgrund der Berechnung nach § 34a Abs. 1, 4 bis 6 EStG
4	=	Tarifliche Einkommensteuer (§ 32a Abs. 1, 5 EStG)
5	–	Minderungsbetrag nach Punkt 11 Ziffer 2 des Schlussprotokolls zu Artikel 23 DBA Belgien in der durch Artikel 2 des Zusatzabkommens vom 5.11.2002 geänderten Fassung (BGBl, 2003 II S. 1615)
6	–	Ausländische Steuern nach § 34c Abs. 1 und 6 EStG, § 12 AStG
7	–	Steuerermäßigung nach § 35 EStG
8	–	Steuerermäßigung für Stpfl. Mit Kindern bei Inanspruchnahme erhöhter Absetzungen für Wohngebäude oder der Steuerbegünstigungen für eigengenutztes Wohnungseigentum (§ 34f Abs. 1, 2 EStG)
9	–	Steuerermäßigung bei Zuwendung an politische Parteien und unabhängige Wählervereinigungen (§ 34 g EStG)
10	–	Steuerermäßigung nach § 34f Abs. 3 EStG
11	–	Steuerermäßigung nach § 35a EStG
11a	–	Steuerermäßigung nach § 35b EStG
12	+	Steuern nach 34c Abs. 5 EStG

13	+	Nachsteuer nach § 10 Abs. 5 EStG i. V. m. § 30 EStDV
14	+	Zuschlag nach § 3 Abs. 4 Satz 2 Forstschäden-Ausgleichsgesetz
15	+	Anspruch auf Zulage für Altersvorsorge nach § 10a Abs. 2 EStG
16	+	Anspruch auf Kindergeld oder vergleichbare Leistungen soweit in den Fällen des § 31 EStG das Einkommen um Freibeträge für Kinder gemindert wurde
17	=	Festzusetzende Einkommensteuer (§ 2 Abs. 6 EStG)

II. Tarifliche Einkommensteuer

1. Grundtabelle. Ab dem Jahr 2010 gilt eine Tarifformel (nach § 32a i. V. m. § 52 **321** Abs. 41 EStG) mit fünf Tarifzonen.

Tab. 9: Tarifformel Grundtabelle

	von	bis	Tarifformel
1.	0 €	8.004 €	0
2.	8.005 €	13.469 €	(912,71 y + 1400)
3.	13.470 €	52.881 €	(228,74 z + 2397) z + 1038
4.	52.882 €	250.730 €	0,42 x − 8172
5.	250.731 €		0,45 x − 15694

mit:
x = das auf einen vollen Eurobetrag abgerundete zu versteuernde Einkommen
y = ein Zehntausendstel des 8.004 € übersteigenden Teils des auf einen vollen Eurobetrag abgerundeten zu versteuernden Einkommens
z = ein Zehntausendstel des 13.469 € übersteigenden Teils des auf einen vollen Eurobetrag abgerundeten zu versteuernden Einkommens

- **Nullzone (§ 32a Abs. 1 Satz 2 Nr. 1 EStG).** Bis zu einem Einkommen von **322** 8.004 € (Grundfreibetrag) fällt keine Einkommensteuer an. Der Grundfreibetrag wird aufgrund der Rechtsprechung des BVerfG in Anlehnung an das Sozialhilferecht festgesetzt (BVerfG, B. v. 25.9.1992, 2 BvL 5/91, 2 BvL 8/91 und 2 BvL 14/91, BStBl. II 1993, 413 💿).Die Nullzone ist mit dem Leistungsfähigkeitsprinzip zu begründen, wonach nur das disponible Einkommen der Besteuerung unterworfen werden darf. Der zur Bestreitung des notwendigen Lebensunterhalts benötigte Betrag (Existenzminimum) darf nicht mit Einkommensteuer belastet werden.

- **Erste linear-progressive Tarifzone** (§ 32a Abs. 1 Satz 2 Nr. 2 EStG). Von 8.005 € bis 13.469 € steigt der Einkommensteuersatz gleichmäßig von 14 % auf bis zu 23,97 %. Es kommt zu einem steilen Anstieg des Grenzsteuersatzes mit 1,82 Prozentpunkte je 1.000 €. Dies wird in der aktuellen Steuerdiskussion als ungerecht empfunden. Der Durchschnittssteuersatz erhöht sich in dieser Zone von 0 % auf 7,7 %.
- **Zweite linear-progressive Tarifzone** (§ 32a Abs. 1 Satz 2 Nr. 3 EStG). Von 13.470 € bis 52.881 € (dem sog. „Tarifknick") nimmt der Grenzsteuersatz kontinuierlich von 23,97 % auf bis zu 42 % zu. In dieser Zone weist der Steuersatz gleichfalls eine linear-progressive Steigerung auf. Der Anstieg fällt aber mit 0,46 Prozentpunkten je 1.000 € erheblich flacher aus als in der ersten Progressionsstufe. In der zweiten Progressionszone steigt der Durchschnittssteuersatz von 7,70 % auf bis zu 26,55 %.
- **Erste Proportionalzone** (§ 32a Abs. 1 Satz 2 Nr. 4 EStG). Von 52.882 € bis zu 250.730 € beträgt der Grenzsteuersatz konstant 42 %. Der Durchschnittssteuersatz steigt in dieser Zone von 26,55 % auf 38,74 %.
- **Zweite Proportionalzone** (§ 32a Abs. 1 Satz 2 Nr. 4 EStG). Ab 250.731 € beträgt der konstante Grenzsteuersatz 45 % (sog. „Reichensteuer"). Der Durchschnittssteuersatz nähert sich von anfänglich 38.74 % immer mehr dem Grenzsteuersatz von 45 % an, ohne ihn jedoch (mathematisch) zu erreichen.

323 Die Besteuerung nach einem insgesamt progressiv gestalteten Tarif beruht auf einem Umverteilungsgedanken. Steuerpflichtige, die ein höheres Einkommen erwirtschaften, sollen nicht nur absolut, sondern auch relativ höhere Steuern entrichten. Die Progression bewirkt, dass nach einer Statistik des BMF für 2008 *(nachzulesen auf den Internetseiten des BMF unter „Datensammlung zur Steuerpolitik 4.Beitrag der Steuerpflichtigen zum Steueraufkommen 2008" auf Seite 31)* die obere Hälfte der Steuerpflichtigen mit Einkommen ab 26.750 € bei 85 % des gesamten zu versteuernden Einkommens 94 % der Einkommensteuer tragen.

> Das Einkommensteuergesetz enthält als Anlage eine Tabelle der Einkommensteuer in Abhängigkeit vom zu versteuernden Einkommen zur Ermittlung der Steuer.

324 **2. Ehegattensplitting.** Bei Ehegatten, die nach §§ 26 oder 26b EStG zusammen veranlagt werden, beträgt die tarifliche Einkommensteuer das Zweifache des Steuerbetrages, der sich für die Hälfte ihres gemeinsam zu versteuernden Einkommens ergibt.

Beispiel (vgl. Niemeier et al. a. a. O. S. 1294): **325**
Das zu versteuernde Einkommen 2008 zusammenveranlagender Ehegatten
beträgt 48.000 €. Der Anteil der einzelnen Ehegatten an diesem zu versteuernden Einkommen beträgt:

	Ehemann	Ehefrau
a)	48.000 €	0 €
b)	36.000 €	12.000 €
c)	24.000 €	24.000 €

Bei der Zusammenveranlagung beträgt die Einkommensteuer in allen Fällen
7.956 €. Wählen die Ehegatten die getrennte Veranlagung, beträgt die Einkommensteuer im Falle

	Ehemann	Ehefrau	Zusammen	Splittingvorteil
a)	12.285 €	0 €	12.085 €	4.329 €
b)	7.802 €	816 €	8.618 €	662 €
c)	3.978 €	3.978 €	7.956€	0 €.

Die Progressionsminderung des Splitting-Verfahrens ist normalerweise auf
ein zu besteuerndes Einkommen von 15.694 € begrenzt Dieser Wert wird
erreicht, wenn ein Ehepartner keine Einkünfte erzielt, der andere Ehegatte
Einkünfte in Höhe des doppelten Betrags der Eingangsstufe der zweiten Proportionalzone (2 x 250.731 € = 501.462 €). Der Wert kann allerdings auch
höher ausfallen, wenn ein Ehegatte Verluste ausweist. Es kommt dann zu
einem „ehelichen Verlustausgleich".

3. Verwitwetenregelung. Nach § 32a Abs. 6 Satz 1 Nr. 1 EStG, dem sog. **326**
„Gnadensplitting", erhält der überlebende Ehegatte auch im Veranlagungsjahr
nach dem Tod des Ehegatten den Splittingtarif, wenn die Voraussetzungen der
Zusammenveranlagung vorgelegen haben.

4. Splitting nach Auflösung der Ehe. Das Splittingverfahren des § 32a Abs. 5 **327**
EStG ist auch anzuwenden für einen Steuerpflichtigen, dessen Ehe in dem Kalenderjahr, in dem er sein Einkommen bezogen hat, durch Tod, Scheidung oder
Aufhebung der Ehe aufgelöst worden ist, wenn der bisherige Ehegatte noch in
diesem Kalenderjahr wieder geheiratet hat.

328   Beispiele (*vgl. Niemeier et al. a. a. O. S. 1296*):

- Der verheiratete A ist am 15.2. verstorben. Bei ihm und seiner Witwe lagen zum Zeitpunkt des Todes die Voraussetzungen zur Zusammenveranlagung vor. Am 20.11. des Jahres ist Frau A eine neue Ehe eingegangen. Sie und ihr neuer Ehegatte erfüllen die Voraussetzung zur Zusammenveranlagung.

  Für A ist im Todesjahr eine Einzelveranlagung durchzuführen, bei der nach § 32a Abs. 6 Nr. 2 EStG der Splittingtarif anzuwenden ist.

- Die Ehe der Ehegatten, für die die Voraussetzungen der Zusammenveranlagung vorliegen, wird anfangs des Jahres geschieden. Einer der Ehegatten heiratet im Laufe dieses Jahres wieder und erfüllt mit seinem neuen Ehegatten die Voraussetzungen der Zusammenveranlagung.

  Der wieder verheiratete Ehegatte kann mit seinem neuen Ehegatten eine getrennte Veranlagung (§ 26a EStG), die Zusammenveranlagung (§ 26b EStG) oder die besondere Veranlagung (§ 26c EStG) wählen.

  Der nicht wieder verheiratete Ehegatte wird einzeln (§ 25 EStG) veranlagt, unter Anwendung des Splittingverfahrens nach § 32a Abs. 6 Nr. 2 EStG.

III. Sondertarife

329   1. **Progressionsvorbehalt (§ 32b EStG).** Wenn steuerfreie bzw. nicht steuerbare Leistungen beim zu versteuernden Einkommen nicht erfasst werden, führt dies in den Progressionszonen auch zu einem niedrigeren Steuersatz für die übrigen (steuerpflichtigen) Einkünfte. Um dies zu verhindern, bestimmt § 32b Abs. 2 EStG, dass die Veranlagung der steuerpflichtigen Einkünfte nach einem Steuersatz erfolgt, der sich unter Einbeziehung der steuerfreien bzw. nicht steuerbaren Einkünfte ergäbe (Progressionsvorbehalt).

330   In § 32b Abs. 1 und 1a EStG werden die Einkünfte aufgezählt, die vom Progressionsvorbehalt erfasst werden. Es handelt sich dabei um zahlreiche Lohnersatzleistungen (z. B. Arbeitslosengeld, Kurzarbeitergeld, Insolvenzausfallgeld, Krankengeld, Mutterschaftsgeld) und um ausländische Einkünfte, die steuerfrei oder nicht steuerbar sind.

Beispiel: 331

Ein lediger Arbeitnehmer bezieht Arbeitslosengeld in Höhe von 15.000 €
und erzielt noch steuerpflichtige Lohneinkünfte in Höhe von 35.000 €.
Es ergibt sich folgende Steuerberechnung:

Steuerpflichtige Einkünfte	35.000 €
+ vom Progressionsvorbehalt erfasste steuerfreie Einkünfte	15.000 €
= für die Berechnung des Steuersatzes maßgebendes Einkommen („Steuersatzeinkommen")	50.000 €
Einkommensteuer	12.847 €
Durchschnittssteuersatz (12.847/50.000)	25,6941 %
Einkommensteuer (25,6941 % von 35.000 €)	8.992 €

2. Gesonderter Steuertarif für Einkünfte aus Kapitalvermögen (§ 32d EStG). Für 332
Einkünfte aus Kapitalvermögen gilt ab dem Veranlagungszeitraum 2009 ein
gesonderter Steuertarif in Höhe von 25 % der Einkünfte (nach § 32d Abs. 1
Satz1 EStG mit Ausnahme der Einkünfte, die im Absatz 2 EStG aufgeführt
sind). Diese Einkünfte unterliegen nach § 43 EStG der Kapitalertragsteuer als
besonderem Veranlagungsverfahren. Die einbehaltene Kapitalertragsteuer beträgt ebenfalls grundsätzlich 25 % der Kapitalerträge (§ 43a Abs. 1 EStG). Für
Kapitalerträge, die der Kapitalertragsteuer unterlegen haben, ist die Einkommensteuer nach § 43 Abs. 5 Satz1 EStG mit dem Steuerabzug abgegolten („Abgeltungsteuer").

Aus dieser geänderten Besteuerung der Kapitalerträge ergeben sich insbesondere für Anleger große Veränderung. Für nach dem 31.12.2008 ange-
schaffte Aktien gilt, dass sie nach Abschaffung des bisherigen Halbeinkünf-
teverfahrens und Erfassung aller Kursgewinne den Depotertrag mit 25 %
besteuern müssen. Depotgebühren oder Zinsen für auf Kreditbasis erwor-
bene Anschaffungen sind nicht mehr abzugsfähig.

Bei den Kapitalerträgen sind neben der Abgeltungsteuer vier Arten von Veran- 333
lagungen zu unterscheiden (entnommen aus: Lang in Tipke/Lang, Steuerrecht,
§ 9 Rn. 503):

a) Verpflichtende Veranlagung zum Abgeltungsteuersatz (§ 32d Abs. 3 Satz 1 334
EStG). Sie ist durchzuführen, soweit die Kapitalerträge nicht der Kapitalertragsteuer unterlegen haben. Für diese Kapitalerträge erhöht sich die tarifliche Einkommensteuer um den Abgeltungssatz. Dies betrifft

- Gewinne aus der Veräußerung von GmbH-Anteilen bei nicht wesentlichen Beteiligungen (aus § 20 Abs. 8 EStG),
- Gewinne aus der Veräußerung von Lebensversicherungen (§§ 32d Abs. 2 Nr. 2, 43 Abs. 5 Satz 2 EStG),
- Zinsen aufgrund eines Privatdarlehens,
- Kapitalerträge von einem ausländischen Institut.

335 **b) Verpflichtende Veranlagung zum individuellen Steuersatz.** Diese ist durchzuführen, soweit die Abgeltungsteuer nach § 43 Abs. 5 Satz 2 EStG nicht Platz greift. Das sind
- Kapitalerträge, die nach § 20 Abs. 3 EStG nicht den Einkünften aus Kapitalvermögen zuzurechnen sind, und
- Kapitalerträge, die nach § 32d Abs. 2 EStG von der Abgeltungsteuer ausgeschlossen sind.

336 **c) Optionale Veranlagung zum Abgeltungsteuersatz.** Diese ist nach § 32d Abs. 4 EStG auf Antrag des Steuerpflichtigen durchzuführen, um steuermindernde Tatbestände geltend zu machen (z. B. Sparerfreibetrag, Kirchensteuer)

337 **d) Optionale Veranlagung zum individuellen Steuersatz.** Diese ist nach § 32d Abs. 6 EStG auf Antrag des Steuerpflichtigen durchzuführen, wenn der tarifliche Grenzsteuersatz niedriger ist als der Abgeltungsteuersatz.

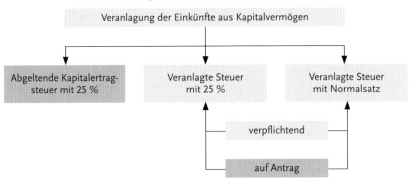

Abb. 22:   Veranlagung von Kapitaleinkünften

338 Die „Abgeltungsteuer" verfolgt die Idee eines pauschalen Steuerabzuges an der Quelle mit abgeltender Wirkung. Die Einkünfte aus Kapitalvermögen werden also nicht in die Bildung der Summe der Einkünfte einbezogen (§ 2 Abs. 5b Satz 1 EStG). Der Steuerpflichtige kann aber beantragen, dass diese Einkünfte in den

Progressionsvorbehalt einbezogen werden (§ 43 Abs. 5 Satz 3 EStG i. V. m. § 2 Abs. 5b Satz 2 EStG) oder auch auf den gesonderten Tarif auf Antrag verzichten und die Kapitalerträge mit dem Normaltarif besteuern lassen (§ 32d Abs. 6 Satz 1 EStG) wenn dies für ihn günstiger ist.

Kritisiert wird die Besteuerung der Kapitaleinkünfte in ihrer derzeitigen Ge- **339** setzesfassung als mit dem Gleichheitssatz des Grundgesetzes nicht zu vereinbarenden Schedulensteuer und wegen ihrer Komplexität und mangelnden Vollzugseffizienz (vergl. hierzu vor allem Lang in Tipke/Lang, Steuerrecht § 9 Rn. 504).

3. Ermäßigter Steuersatz für außerordentliche Einkünfte (§ 34 EStG). Grund- **340** sätzlich werden alle Einkünfte (abgesehen von den Einkünften aus Kapitalvermögen s. Rn. 332) zusammengerechnet und mit einem einheitlichen Steuersatz der Einkommensteuer unterworfen. Wegen der progressiven Tarifgestaltung der Einkommensteuer kann die Einbeziehung nicht regelmäßig anfallender Einkünfte zu Härten führen, weil dadurch auch die laufenden Einkünfte von der Progression erfasst werden und dadurch höher besteuert werden. Um die Progressionswirkung zu mindern, ermöglicht § 34 EStG die Besteuerung von außerordentlichen Einkünften mit einem ermäßigten Steuersatz.

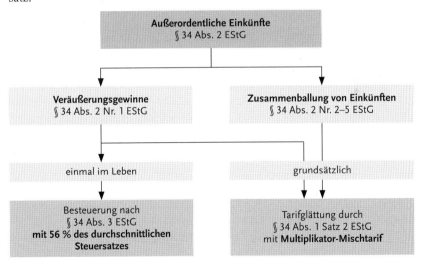

Abb. 23: Besteuerung außerordentlicher Einkünfte

341 a) **Außerordentliche Einkünfte.** § 34 Abs. 2 EStG enthält eine abschließende Aufzählung der begünstigten Einkünfte. Als außerordentliche Einkünfte kommen nur in Betracht

- nach § 34 Abs. 2 Nr. 1 EStG:
  Veräußerungsgewinne aus land- und forstwirtschaftlichen Betrieben (§ 14, 14a Abs. 1 EStG), aus Gewerbebetrieben (§ 16 EStG), freiberuflichen Unternehmen (§ 18 Abs. 3 EStG) sowie von Anteilen an Personengesellschaften mit diesen Tätigkeiten,
- nach § 34 Abs. 2 Nr. 2 EStG:
  Entschädigungen für entgangene Einnahmen (§ 24 Nr. 1 EStG),
- nach § 34 Abs. 2 Nr. 3 EStG:
  Nachzahlungen für mehr als drei Jahre für Nutzungsvergütungen, Zinsen und Entschädigungen für die Inanspruchnahme von Grundstücken für öffentliche Zwecke (§ 24 Nr. 3 EStG),
- nach § 34 Abs. 2 Nr. 4 EStG:
  Vergütungen für mehrjährige Tätigkeiten (z. B. Jubiläumszahlungen, Nachzahlungen)
- nach § 24 Abs. 2 Nr. 5 EStG:
  Einkünfte aus außerordentlichen Holznutzungen i. S des § 34b Abs. 1 Nr. 1 EStG.

342 b) **Multiplikator-Mischtarif.** Die für die außerordentlichen Einkünfte anzusetzende Einkommensteuer beträgt das Fünffache des Unterschiedsbetrags zwischen der Einkommensteuer für das um diese Einkünfte verminderte zu versteuernde Einkommen (verbleibendes zu versteuerndes Einkommen) und der Einkommensteuer für das verbleibende zu versteuernde Einkommen zuzüglich eines Fünftels dieser Einkünfte (§ 34 Abs. 1 Satz 2 EStG). Nach der Rechenmethode wird diese Berechnung auch als „**Fünftelregelung**" bezeichnet.

343 Die Einkommensteuer wird nach folgenden Regeln errechnet:
1. Schritt: Die Einkommensteuer auf die nicht begünstigten Einkünfte (zu versteuerndes Einkommen abzgl. außerordentlicher Einkünfte) wird nach den allgemeinen Regeln berechnet.
2. Schritt: Berechnung der Einkommensteuer auf die um 1/5 der außerordentlichen Einkünfte erhöhten nicht begünstigten Einkünfte.
3. Schritt: Ermittlung des Unterschiedsbetrags zwischen den Werten aus Schritt 1 und Schritt 2.
4. Schritt: Multiplikation des Unterschiedsbetrags aus Schritt 3 mit dem Faktor 5.

5. Schritt: Die Einkommensteuer ist die Summe der Werte aus Schritt 1 und Schritt 4.

Beispiel (entnommen aus Scheffler, Besteuerung von Unternehmen, Seite 145): **344**
Ein gewerblich tätiger Einzelunternehmer beendet seine unternehmerische Tätigkeit. Der steuerpflichtige Teil des Betriebsveräußerungsgewinns beträgt 30.000 €. Aus weiteren Tätigkeiten erzielt er Einkünfte in Höhe von 25.000 €. Sonderausgaben und außergewöhnliche Belastungen werden in Höhe von 5.000 € berücksichtigt.

Betriebsveräußerungsgewinn	30.000 €
+ weitere nicht begünstigte Einkünfte	25.000 €
= Gesamtbetrag der Einkünfte	55.000 €
– Sonderausgaben, außergew. Belastungen	– 5.000 €
= Einkommen, zu versteuerndes Einkommen	50.000 €
Nicht begünstigte Einkünfte	
(50.000 € – 30.000 €)	20.000 €
(1) Einkommensteuer	
auf nicht begünstige Einkünfte	2.701 €
Um 1/5 erhöhte nicht begünstigte Einkünfte	
(1/5 von 30.000 € + 20.000 €)	26.000 €
(2) Einkommensteuer	
auf erhöhte Einkünfte	4.401 €
(3) Fünffache Differenz	
(4.401 € – 2.701 €) x 5	8.500 €
(4) Summe aus (1) + (3)	11.201 €

Durch die Ermäßigung ergibt sich eine Steuerminderung von 1.646 € (12.847 € – 11.201 €).

c) Ermäßigter Steuersatz (§ 34 Abs. 3 Satz 2 EStG). Im Gegensatz zu der Be- **345**
günstigung außerordentlicher Einkünfte nach dem Multiplikatormischtarif, der nur die Progressionswirkung der Einkommensteuer in den unteren Progressionszonen abschwächt, führt die Begünstigung nach § 34 Abs. 3 Satz 2 EStG immer zu einer Ermäßigung der Einkommensteuer auf die außerordentlichen Einkünfte.

346 Für die Ermäßigung nach § 34 Abs. 3 Satz 2 EStG gelten folgende Voraussetzungen:

- Es muss sich um Veräußerungsgewinne i. S. der §§ 14, 14a Abs. 1, 16 oder 18 EStG handeln (§ 34 Abs. 2 Nr. 1 EStG),
- der Steuerpflichtige hat das 55. Lebensjahr vollendet oder ist im sozialversicherungsrechtlichen Sinne dauernd berufsunfähig (§ 34 Abs. 3 Satz 1 EStG),
- die Steuerermäßigung gilt nur für den Teil der Veräußerungsgewinne, die den Betrag von 5 Mio. € nicht übersteigt (§ 34 Abs.3 Satz 1 EStG). Der übersteigende Teil der Einkünfte wird nach Tarif versteuert,
- der Steuerpflichtige kann die Ermäßigung nur einmal im Leben in Anspruch nehmen (§ 34 Abs. 3 Satz 4 EStG),
- der Steuerpflichtige muss einen Antrag stellen (§ 34 Abs. 3 Satz 1 EStG).

347 Der ermäßigte Steuersatz auf die begünstigten Einkünfte beträgt nach § 34 Abs. 3 EStG 56 % des durchschnittlichen Steuersatzes, der sich ergeben würde, wenn die tarifliche Einkommensteuer nach dem gesamten zu versteuernden Einkommen zu bemessen wäre. Er beträgt aber mindestens 15 %. (§ 34 Abs. 3 Satz 2 EStG). Auf die übrigen nicht begünstigten Einkünfte sind die allgemeinen Tarifvorschriften anzuwenden.

348

> **Beispiel** (entnommen aus Scheffler, Besteuerung von Unternehmen, Seite 147):
>
> | | |
> |---|---:|
> | Betriebsveräußerungsgewinn | 65.000 € |
> | weitere nicht begünstigte Einkünfte | 40.000 € |
> | = Gesamtbetrag der Einkünfte | 105.000 € |
> | – Sonderausgaben, außergew. Belastungen | – 5.000 € |
> | = Einkommen, zu versteuerndes Einkommen | 100.000 € |
> | Einkommensteuer hierauf | 33.828 € |
> | Durchschnittssatz 33,8280 % | |
> | Ermäßigter Steuersatz 18,9436 % | |
> | Nicht begünstigte Einkünfte | |
> | (100.000 € – 65.000 €) | 35.000 € |
> | (1) Einkommensteuer auf nicht begünstige Einkünfte | 7.259 € |
> | (2) Einkommensteuer auf begünstigte Einkünfte | 12.313 € |
> | (3) Summe aus (1) + (2) | 19.572 € |
> | Durch die Ermäßigung ergibt sich eine Steuerminderung von 14.255 € | |

Da die Steuerermäßigung abhängig ist vom Gesamtbetrag der Einkünfte ist es günstiger, eine Betriebsveräußerung so zu gestalten, dass sie möglichst früh im letzten Jahr der Unternehmenstätigkeit erfolgt. Es bietet sich z. B. an, die Veräußerung nicht am 31.12., sondern erst zum 1.1. des Folgejahres durchzuführen. Neben dem dann meist günstigeren Durchschnittssteuersatz entsteht auch ein Zinsgewinn, weil die Einkommensteuer, erst nach Ablauf des nächsten Kalenderjahres entsteht und abgeführt werden muss.

4. Begünstigung der nicht entnommenen Gewinne (§ 34a EStG). Bei Einzelunternehmen und Personengesellschaften erfolgt die Besteuerung grundsätzlich nach der Höhe des Gewinns des Unternehmens bzw. des Gewinnanteils bei Personenhandelsgesellschaften unabhängig davon, ob und in welcher Höhe dieser Gewinn dem Gesellschafter zufließt (vgl. Rn. 67). Werden Gewinne nicht entnommen bzw. nicht ausgeschüttet, ermöglicht § 34a für diesen Teil der gewerblichen Einkünfte auf Antrag einen besonderen, reduzierten Steuersatz von 28,25 % (§ 34a Abs. 1 Satz 1 EStG). Werden die Gewinne in späteren Jahren entnommen, kommt es zu einer Nachversteuerung in Höhe von 25 % des entnommenen bzw. ausgeschütteten Betrags (§ 34 Abs. 4 EStG). **349**

Beispiel: **350**

Gewinn des laufenden Jahres	100,00
Einkommensteuer bei Gewinnthesaurierung	– 28,25
Thesaurierungsfähiger (Netto-) Gewinn	71,25
Nachversteuerung (25 % von 71,75)	– 17,94
Verbleiben	53,81

Die Gesamtbelastung nach Entnahme beträgt 46,19 %.
(Die Gewerbesteuer kann bei dieser Rechnung vernachlässigt werden. Nach § 35 EStG wird die Gewerbesteuer auf die Einkommensteuer angerechnet (vgl. Rn. 320).

Die **Thesaurierungsbegünstigung** des § 34a EStG soll eine Belastungsneutralität der Rechtsformen herbeiführen. Kapitalgesellschaften sind selbst Steuersubjekte, deren Gewinne der Gewerbesteuer und der Körperschaftsteuer unterliegen. Erst durch Ausschüttung des Nettogewinns entsteht eine Einkommensteuerbelastung in Höhe der Abgeltungssteuer. Solange der Gewinn nicht ausgeschüttet wird, ist er belastet mit ca. 29 %. Der ausgeschüttete Gewinn wird mit dem Abgeltungssatz besteuert. Dadurch ergibt sich eine Gesamtbelastung des ausgeschütteten Gewinns von ca. 46,7 %. Im Ausschüttungsfall liegen Kapitalgesellschaften und Personengesellschaften damit in etwa gleich. **351**

352 Die Gesamtsteuerbelastung liegt mit 46,19 % höher als der Spitzensteuersatz der Einkommensteuer von 45 %. Die Begünstigung der nicht entnommenen Gewinne nach § 34a EStG ist also nur dann von Vorteil, wenn der persönliche Steuersatz deutlich über 28,25 % liegt und wenn die Gewinne über einen längeren Zeitraum im Unternehmen verbleiben, um durch den Zinsgewinn die negativen Folgen der Nachversteuerung zu kompensieren.

353 *(Für weitere Erläuterungen hierzu vgl. Birk Steuerrecht S. 600 Rn. 648; Niemeier, Schlierenkämper, Schnitter, Wendt, Einkommensteuer, S. 1323; Lang in Tipke/Lang, Steuerrecht § 9 Rn. 828 ff., Scheffler Besteuerung von Unternehmen S. 148.)*

IV. Steuerermäßigungen

354 **1. Steuerermäßigungen bei ausländischen Einkünften (§ 34c EStG).** Die Steuerermäßigung bei ausländischen Einkünften wird in Rn. 388–393 erläutert. Sie soll eine Doppelbesteuerung von inländischen und ausländischen Steuern auf den gleichen Sachverhalt verhindern.

355 **2. Steuerermäßigungen bei Inanspruchnahme erhöhter Absetzung für Wohngebäude (§ 34f EStG).** Die Steuerermäßigung steht im Zusammenhang mit der Förderung für eigengenutzten Wohnraum und ergänzt die Förderung um eine „Kinderkomponente", wenn die Voraussetzungen einer Förderung nach §§ 7b oder 10e EStG gegeben sind.

356 **3. Steuerermäßigung bei Zuwendungen an politische Parteien und Wählervereinigungen (§ 34g EStG).** Die tarifliche Einkommensteuer ermäßigt sich bei Zuwendungen an politische Parteien und politische Wählervereinigungen um 50 % der Ausgaben höchstens um 825 € (bei Zusammenveranlagung um 1.650 €). Die Zuwendungen müssen besonders nachgewiesen werden.

357 **4. Steuermäßigungen bei Einkünften aus Gewerbebetrieb (§ 35 EStG).** Steuerpflichtigen, die Einkünfte aus Gewerbebetrieb beziehen, wird eine Steuerermäßigung in Höhe des 3,8fachen des Gewerbesteuer-Messbetrags, maximal die gezahlte Gewerbesteuer gewährt. Die Steuerermäßigung ist auf die Einkommensteuer beschränkt, die anteilig auf die im zu versteuernden Einkommen enthaltenen gewerblichen Einkünfte entfällt.

Durch die Steuerermäßigung soll erreicht werden, dass es bei gewerblichen **358** Einkünften zur gleichen Steuerbelastung kommt, wie bei den anderen Einkunftsarten. Die effektive Gewerbesteuerbelastung soll sich also auf Null belaufen (zu Einzelheiten vgl. R 35 EStR 🔘).

Die folgende Beispielrechnung verdeutlicht das Konzept der Steuerermäßigung nach § 35 EStG bei gewerblichen Einkünften. **359**

360

Beispiel:

	gewerbliche Einkünfte	freiberufliche Einkünfte
Gewinn vor Steuern	100,00	100,00
− Gewerbesteuer	− 14,00	
(Gewinn x Steuermesszahl x Hebsatz)		
bei einem Hebsatz von 400 %		
(100,00 x 3,5 % x 400 %)		
− tarifliche Einkommensteuer	− 45 %	− 45 %
beim Spitzensteuersatz von 45 %		
+ Steuerermäßigung nach § 35 EStG		
(3,8 x Gewinn x Steuermesszahl)		
3,8 x 100,00 x 3,5 %	+ 13,30	
= Gewinn nach Steuern	54,30	55,00
Entspricht einer Steuerbelastung von	45,70	45,00
Mehrbelastung mit Gewerbesteuer	0,70	

Die effektive Gewerbesteuerbelastung hängt von der Höhe des Gewerbesteuererhebesatzes der Gemeinde ab. Bei einem Hebesteuersatz in Höhe von 401 % wird die Gewerbesteuerbelastung durch die Ermäßigung bei der Einkommensteuer kompensiert. Bei einem Hebesatz darunter ergibt sich eine zusätzliche Entlastung der Einkommensteuer bei einem Hebsatz darüber kommt es zu einer Mehrbelastung.

Der Hebesatz liegt im Bundesdurchschnitt bei 416 % (Gemeinden mit mindestens 50.000 Einwohner für 2007). § 16 Abs. 4 GewStG schreibt einen Mindesthebesatz 200 % vor. **361**

5. Steuerermäßigung für haushaltsnahe Dienstleistungen. § 35a EStG ermäßigt **362** auf Antrag die festzusetzende Einkommensteuer. Die Vorschrift ist eine Lenkungsnorm und Subventionsnorm, die der Bekämpfung von Schwarzarbeit dient und Anreize für Beschäftigungsverhältnisse im Privathaushalt geben soll. Soweit es sich um die Begünstigung für Aufwendungen von Pflege- und Betreuungsleistungen handelt auch begründet durch das subjektive Nettoprinzip.

363 Gefördert werden:

- **geringfügige Beschäftigungsverhältnisse** im Haushalt (§ 35a Abs. 1 EStG) in Höhe von 20 % bis zu einem maximalen Betrag von 510 €.
- **sonstige haushaltsnahe Beschäftigungsverhältnisse**, haushaltsnahe Dienstleistungen (§ 35a Abs. 2 Satz 2 Alt. 1 EStG) sowie die Inanspruchnahme von Pflege- und Betreuungsleistungen (§ 35a Abs. 2 Satz 2 Alt. 2 EStG) in Höhe von 20 % bis zu einem maximalen Betrag von 4.000 € und
- **Handwerkerleistungen im Haushalt**

364 Die Aufwendungen müssen nachgewiesen werden, durch Lohnsteuer- bzw. Sozialversicherungsnachweise oder Rechnungen der Dienstleister und Zahlungsbelege.

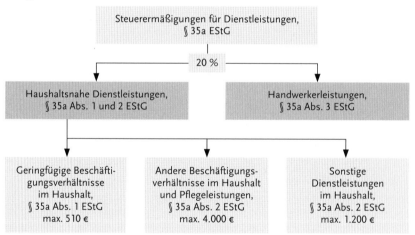

Abb. 24:   Arten haushaltsnaher Dienstleistungen

365 **6. Steuerermäßigung für Belastungen mit Erbschaftsteuer (§ 35b EStG).** Mit § 35b EStG wurde eine Regelung ins Einkommensteuergesetz eingefügt, die eine mögliche doppelte Belastung mit Erbschaftsteuer und Einkommensteuer vermindern soll. Dies erfolgt, wenn durch die Bewertung im Erbschaftsteuerrecht Erträge besteuert werden, die im Weiteren dann als steuerpflichtigen Ertrag auch der Einkommensteuer unterworfen werden.

Die Doppelbesteuerung entsteht nach einem erbschaft- bzw. schenkungsteuer- **366** pflichtigen Erwerb:

- bei einer nachfolgenden Veräußerung eines Betriebes innerhalb der Behaltensfrist des ErbStG,
- bei einer nachfolgenden Veräußerung von Grundbesitz innerhalb der Spekulationsfrist des EStG,
- bei einer nachfolgenden Veräußerung von Wertpapieren,
- bei einem nachfolgenden Erwerb eines gewerblichen oder freiberuflichen Unternehmens, wenn die Gewinnermittlung nach § 4 Abs. 3 EStG durch Einnahme-Überschuss-Rechnung erfolgt, wenn Umsatzforderungen aus dem erworbenen Unternehmen vereinnahmt werden.

§ 35 EStG gibt die Möglichkeit, bei Erwerb von Todes wegen auf Antrag die **367** Einkommensteuer zu ermäßigen, soweit sie auf Einkünfte entfällt, die im Veranlagungszeitraum oder in den vorangegangenen vier Veranlagungszeiträumen der Erbschaftsteuer (durch eine Bewertung mit dem Ertragswert) unterlegen haben. Der Prozentsatz der Ermäßigung bestimmt sich nach dem Verhältnis, in dem die festgesetzte Erbschaftsteuer zu dem Betrag steht, der sich ergibt, wenn dem steuerlichen Erwerb (§ 10 Abs. 1 ErbStG) die Freibeträge hinzugerechnet werden.

9. Kapitel   **Steuererhebung**

368   Die vom Steuerpflichtigen geschuldete Einkommensteuer entsteht mit Ablauf des Kalenderjahres (§ 36 Abs. 1 EStG). Sie wird veranlagt nach dem Einkommen, das der Steuerpflichtige im Kalenderjahr erzielt hat (§ 2 Abs. 7 Satz 2) und durch Bescheid festgesetzt. Auf die Einkommensteuer werden angerechnet (§ 36 Abs. 2 EStG):

- die Einkommensteuer, die der Steuerpflichtige selbst durch Einkommensteuervorauszahlungen geleistet hat,
- die Einkommensteuer, die ein Dritter für den Steuerpflichtigen im Wege der Lohnsteuer, Kapitalertragsteuer oder Bauabzugsteuer an das Finanzamt gezahlt hat, oder
- die durch Steuerabzug erhobene Einkommensteuer (Abgeltungssteuer nach § 36 Abs. 2 Nr. 2 EStG), soweit sie auf die bei der Veranlagung erfassten Einkünfte oder Bezüge entfällt und nicht erstattet wird.

I.   Einkommensteuervorauszahlungen

369   § 37 Abs. 1 EStG bestimmt, dass der Steuerpflichtige schon im laufenden Jahr Vorauszahlungen auf die später festzusetzende Einkommensteuer zu entrichten hat. Die Anforderung von Vorauszahlungen dient der Sicherung eines stetigen Steueraufkommens und soll eine Gleichstellung mit den Steuerpflichtigen bewirken, die ihre Steuer durch Steuerabzug (Lohnsteuer, Kapitalertragsteuer) vorauszahlen.

370   Die regelmäßigen Vorauszahlungen ergeben sich nach § 37 Abs. 1 Satz 1 EStG jeweils quartalsweise und sind fällig am 10. März, 10. Juni, 10. September und 10. Dezember. Bemessungsgrundlage für die Vorauszahlungen ist die für den Veranlagungszeitraum (Kalenderjahr) voraussichtlich anfallende Einkommensteuer. Das Finanzamt setzt die Vorauszahlungen durch Bescheid fest. Dabei wird als Schätzung für den Veranlagungszeitraum mangels anderer Informationen grundsätzlich die Steuer aus der letzten vorgenommenen Veranlagung herangezogen (§ 37 Abs. 3 EStG).

Bei der Bemessung der Vorauszahlungen bleiben allerdings die in § 37 Abs. 3 **371**
Sätze 4 bis 12 EStG aufgeführten Beträge außer Ansatz.

Vorauszahlungsbescheide sind nach § 164 Abs. 1 Satz 2 AO Steuerfestsetzun- **372**
gen unter dem Vorbehalt der Nachprüfung. Sie können bei neuen Erkenntnis-
sen auf Antrag des Steuerpflichtigen oder durch das Finanzamt nach § 164
Abs. 2 AO geändert werden. Die letzte Vorauszahlung im Dezember kann dabei
noch bis zum 15. Kalendermonat des folgenden Veranlagungszeitraums ange-
passt werden.

Beispiel: **373**
Vom Finanzamt wurden Vorauszahlungen für 2009 mit quartalsweise
10.000 € entsprechend der letzten Veranlagung des Jahres 2007 festgesetzt.
Am 10.2.2010 gibt das Finanzamt den Steuerbescheid für 2008 bekannt und
fordert dabei durch Bescheid nach § 37 Abs. 3 EStG einen Erhöhungsbetrag
der letzten Vorauszahlung für 2009 an um 2.500 €. Der Erhöhungsbetrag ist
fällig am 10.3.2010.
Der Steuerpflichtige legt nach Erhalt noch innerhalb der Zahlungsfrist dem
Finanzamt eine Schätzung des voraussichtlichen Einkommens für 2009 vor
und beantragt eine nachträgliche Anpassung der letzten Vorauszahlung auf
8.000 €. Das Finanzamt ändert daraufhin den Vorauszahlungsbescheid und
erstattet 2.000 €.

II. Pauschalierung der Einkommensteuer

Von der Einkommensteuer, die der Steuerpflichtige persönlich schuldet, ist die **374**
pauschale Steuer für Sachprämien und Geschenke nach §§ 37a und 37b EStG
zu unterscheiden.

1. Sachprämien. Nach § 37a Abs. 1 EStG können Unternehmen die Einkom- **375**
mensteuer für Sachprämien i. S. von § 3 Nr. 38 EStG (Prämien zur Kundenbin-
dung) für den nicht steuerpflichtigen Teil der Prämien (ab 1.080 €) pauschal
erheben. Bemessungsgrundlage für die Steuer ist der Gesamtwert der Prämien.
Daher beträgt der pauschale Steuersatz nur 2,25 %.

Die pauschale Einkommensteuer gilt als Lohnsteuer und ist von den Unterneh- **376**
men im Lohnsteuerabzugsverfahren anzumelden und abzuführen. Das Unternehmen hat die Empfänger der Prämie von der Steuerübernahme zu unterrich-

ten. Solange die Empfänger nicht unterrichtet werden, müssen sie die Prämien in ihrer Steuererklärung erfassen.

377   **2. Geschenke.** Aus betrieblicher Veranlassung gewährte Sachzuwendungen an Arbeitnehmer und Geschenke an Geschäftsfreunde und deren Arbeitnehmer können nach § 37b EStG pauschal erhoben werden. Bei diesen Leistungen handelt es sich regelmäßig um einen steuerpflichtigen geldwerten Vorteil beim Empfänger. Der Zuwendende kann die Steuer übernehmen und pauschal abführen. Die pauschale Steuer gilt ebenfalls (s. Rn. 376) als Lohnsteuer.

10. Kapitel Besteuerung von Auslandssachverhalten

I. Grundlagen des internationalen Steuerrechts

1. Ursachen der Doppelbesteuerung. Die Besteuerung grenzüberschreitender **378** Aktivitäten wird geprägt durch das Souveränitätsprinzip, demzufolge jeder Staat innerhalb seiner Hoheitsgrenzen die alleinige Gesetzgebungs-, Verwaltungs- und Rechtsprechungshoheit besitzt. Jedem Staat bleibt es deshalb vorbehalten, Steueransprüche zu erheben, wenn nationale Anknüpfungspunkte für eine Besteuerung bestehen:

- Bei **inländischen Geschäftsbeziehungen**, wenn das Steuersubjekt und das Steuerobjekt sich im Inland, d. h. im Hoheitsgebiet der Bundesrepublik befinden, obliegt die Steuerhoheit allein dem deutschen Fiskus.
- Bei **grenzüberschreitenden Geschäftsbeziehungen**, wenn sich das Steuersubjekt in einem Staat befindet, das Steuerobjekt in einem anderen Staat, können beide Staaten zugleich die Steuerhoheit aufgrund ihrer Souveränität ausüben. Dies hat zur Folge, dass für denselben wirtschaftlichen Sachverhalt neben dem deutschen noch eine oder mehrere Staaten Steueransprüche erheben können. In diesen Fällen kann eine doppelte oder mehrfache Besteuerung des selben wirtschaftlichen Sachverhaltes eintreten.

Eine Doppelbesteuerung tritt demnach ein, wenn die subjektive (persönliche) **379** Steuerpflicht, d. h. persönliche Anknüpfungspunkte, und die objektive (sachliche) Steuerpflicht, d. h. sachliche Anknüpfungspunkte, auseinanderfallen und dadurch eine Steuerpflicht in mehreren Staaten begründet wird.

Das internationale Steuerrecht beschäftigt sich mit der Besteuerung derartiger **380** grenzüberschreitender Vorgänge.

381

Beispiel:
Der Unternehmer U mit Wohnsitz in Deutschland hat in Deutschland und in einem ausländischen Staat jeweils gewerbliche Einkünfte.

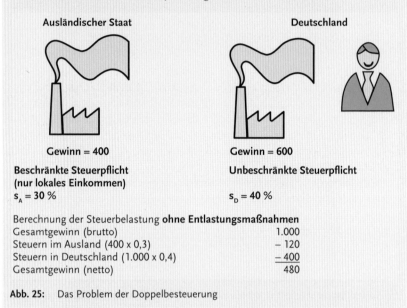

Ausländischer Staat	Deutschland

Gewinn = 400

Beschränkte Steuerpflicht
(nur lokales Einkommen)
s_A = 30 %

Gewinn = 600

Unbeschränkte Steuerpflicht

s_D = 40 %

Berechnung der Steuerbelastung **ohne Entlastungsmaßnahmen**
Gesamtgewinn (brutto)	1.000
Steuern im Ausland (400 x 0,3)	– 120
Steuern in Deutschland (1.000 x 0,4)	– 400
Gesamtgewinn (netto)	480

Abb. 25:   Das Problem der Doppelbesteuerung

Eine Doppelbesteuerung kann für **Steuerinländer** beispielsweise entstehen als:
- inländischer Gesellschafter ausländischer Unternehmen,
- inländischer Erbe ausländischer Grundstücke,
- inländischer Gläubiger (Empfänger) von Zinsen ausländischer Schuldner.

Diese Fallgruppe wird allgemein mit dem Begriff „**Outbound-Aktivitäten**" bezeichnet.

382   **Steuerausländer** können im Inland steuerliche Sachverhalte verwirklichen als:
- ausländischer Gesellschafter eines inländischen Unternehmens,
- ausländischer Erbe eines inländischen Grundstücks,
- ausländischer Gläubiger (Empfänger) von Zinsen eines inländischen Schuldners.

Diese Fallgruppe wird allgemein mit dem Begriff „**Inbound-Aktivitäten**" bezeichnet.

Abb. 26: Fallgruppen des Internationalen Steuerrechts

Das Bestehen einer doppelten Besteuerung wird in zwei Teilaspekten beschrieben, einer materiellen Doppelbesteuerung und einer formellen Doppelbesteuerung. **383**

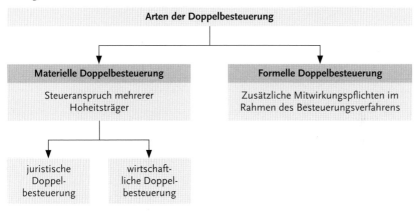

Abb. 27: Arten der Doppelbesteuerung

Unter **juristischer Doppelbesteuerung** versteht man die Besteuerung durch mehrere Steuerhoheitsträger **384**
- beim selben Steuersubjekt (Subjektidentität),
- beim selben Steuerobjekt (Objektidentität),
- mit gleichartigen Steuern (Steuergleichartigkeit),
- für denselben Zeitraum (Zeitraumidentität).

385   **2. Vermeidung der Doppelbesteuerung.** In der Praxis sind die beteiligten Staaten bestrebt, eine doppelte Besteuerung des gleichen Sachverhaltes durch Gegenmaßnahmen zu beseitigen oder zumindest zu verringern. Dies kann geschehen durch nationale Maßnahmen (durch nationale Gesetzgebung) oder internationale Maßnahmen (durch Vereinbarungen zwischen den betroffenen Staaten).

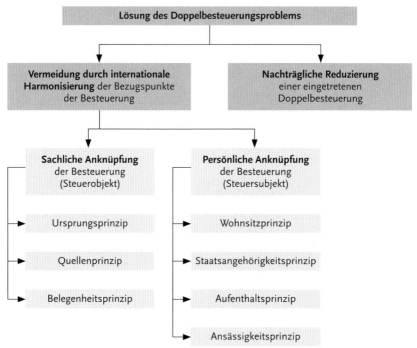

Abb. 28:   Lösung des Doppelbesteuerungsproblems

386   Als mögliche nachträgliche Entlastungsmaßnahmen kommen in Betracht:
- Freistellungsmethode,
- Anrechnungsmethode,
- Pauschalierungsmethode,
- Abzugsmethode.

387   **a) Freistellungsmethode.** Bei der Freistellungsmethode erfolgt eine Besteuerung lediglich im Quellenstaat. Der Staat der Ansässigkeit verzichtet auf sein Besteuerungsrecht. Der Verzicht im Wohnsitzstaat kann entweder unter vollständiger Befreiung oder unter Befreiung mit Progressionsvorbehalt vorgenommen werden.

Die Freistellungsmethode findet Anwendung als **einseitige Maßnahme** (unilaterale Methode) z. B. bei der Körperschaftsteuer bei der auch für ausländische Dividenden geltenden Steuerbefreiung für Beteiligungserträge (§ 8b Abs. 1 KStG) oder der Gewerbesteuer durch Nichtberücksichtigung ausländischer Betriebsstätten und ausländischer Personengesellschaften (§ 9 Nr. 2 GewStG). Als **bilaterale Maßnahme** findet die Freistellungsmethode Anwendung durch abgeschlossene Doppelbesteuerungsabkommen, z. B. bei der Einkommensteuer in Kombination mit einem Progressionsvorbehalt (§ 32b Abs. 1 Nr. 2 EStG), oder der Erbschaft- und Schenkungsteuer mit einem Progressionsvorbehalt (§ 19 Abs. 2 ErbStG).

b) Anrechnungsmethode. Bei der Anrechnungsmethode besteuert der Ansässigkeitsstaat (z. B. Deutschland) sowohl die inländischen als auch die ausländischen Einkünfte. Steuerbeträge, die der ausländische Staat (meist als Quellensteuer) erhoben hat, werden auf die inländische Steuer (z. B. Einkommensteuer) angerechnet. Um zu vermeiden, dass durch ein höheres ausländisches Steuerniveau deutsche Steuerbeträge untergehen, erfolgt die Anrechnung üblicherweise nur als **Höchstbetragsregelung** maximal mit dem Steuerbetrag, der nach deutschem Steuerrecht zu erheben wäre. **388**

$$\text{Höchstbetrag der Anrechnung} = \frac{\text{Einkünfte im Ausland}}{\text{Gesamtbetrag der Einkünfte im In- und Ausland}}$$

Die konkret angerechnete Steuer ist der Höchstbetrag oder die geringere ausländische Steuer.

Beispiel (entnommen aus: Amtliches Einkommensteuerhandbuch 2008 (Hinweis H 34c (3) Seite 891): **389**
Ein verheirateter Steuerpflichtiger, der im Jahr 2005 das 65. Lebensjahr vollendet hatte, hat im Jahr 2008 Einkünfte aus Gewerbebetrieb in Höhe von 100.000 € und andere Einkünfte in Höhe von 5.300 €. Sonderausgaben und Freibeträge betragen 6.140 €. In den Einkünften aus Gewerbebetrieb sind Darlehenszinsen von einem ausländischen Schuldner in Höhe von 20.000 € enthalten. Für diese Zinseinnahmen wurde im Ausland eine Einkommensteuer von 2.500 € gezahlt. Nach Abzug der hierauf entfallenden Betriebsausgaben einschließlich Refinanzierungskosten betragen die (nach deutschem Steuerrecht ermittelten) ausländischen Einkünfte 6.500 €.

Die auf die ausländischen Einkünfte entfallende anteilige deutsche Einkommensteuer ist wie folgt zu ermitteln:

Summe der Einkünfte	105.300 €
Altersentlastungsbetrag	– 1.900 €
Gesamtbetrag der Einkünfte	103.400 €
Sonderausgaben und Freibeträge	– 6.140 €
Zu versteuerndes Einkommen	97.260 €
Einkommensteuer (Splittingtarif)	25.076 €
Auf die ausländischen Einkünfte entfallende anteilige Steuer (25.076 € x 6.500 €: 105.300 €)	1.548 €

Nur bis zu diesem Betrag kann die ausländische Steuer angerechnet werden.

390 Die Höchstbetragsrechnung wird für jedes Land getrennt ermittelt (sog. „Per-Country-Limitation"). Die Anrechnungsmethode ist in § 34c Abs. 1 EStG vorgeschrieben. Die Anrechnungsmethode wird angewendet, wenn diese Methode in einem Doppelbesteuerungsabkommen zur Anwendung kommt, oder keine Doppelbesteuerung besteht.

391 c) Pauschalierungsmethode. Bei der Pauschalierungsmethode wird auf die ausländischen Einkünfte ein niedrigerer pauschaler Steuersatz erhoben. In Deutschland wird die Methode nur in wenigen durch Erlass geregelten Sonderfällen angewendet. Die Zulässigkeit ergibt sich aus § 34c Abs. 5 EStG.

392 Zurzeit bestehen zwei Erlasse, die diese Methode zulassen:
- Pauschalierung der Einkommensteuer für ausländische Einkünfte gem. § 34c Abs. 5 EStG (BMF-Schreiben vom 10.4.1984, BStBl. I, 1984, 252 ⊙).
- Steuerliche Behandlung von Arbeitnehmereinkünften bei Auslandstätigkeiten (Auslandstätigkeitenerlass) (BMF-Schreiben vom 31.10.1983, BStBl. I, 1983, 470 ⊙).

393 d) Abzugsmethode. Bei der Abzugsmethode nach § 34c Abs. 2 und 3 EStG wird die im Ausland gezahlte Steuer von der deutschen Bemessungsgrundlage abgezogen. Die Abzugsmethode findet Anwendung, wenn eine Anrechnung von Gesetz wegen ausscheidet (nach § 34c Abs. 3 EStG) oder der Steuerpflichtige dies beantragt (nach § 34c Abs. 2 EStG).

Die Abzugsmethode kann günstiger sein, wenn
- das Anrechnungsverfahren wegen der Höchstbetragsregelung zu einer nur teilweisen Anrechnung führt,
- im Inland Verluste entstanden sind und daher keine Steuern anzusetzen sind,
- die Bemessungsgrundlagen für die Steuern im Inland und Ausland unterschiedlich ermittelt werden.

3. Doppelbesteuerungsabkommen. Neben einseitigen nationalen Maßnahmen **394** (s. Rn. 385) kann eine Doppelbesteuerung durch bilaterale völkerrechtliche Vereinbarungen zwischen den beteiligten Staaten beseitigt werden. Solche „Abkommen zur Vermeidung der Doppelbesteuerung" werden als Doppelbesteuerungsabkommen (DBA) bezeichnet. Sie beseitigen eine Doppelbesteuerung durch vorherige Aufteilung kollidierender Steueransprüche der beteiligten Steuerhoheitsträger. Als völkerrechtliches Vertragswerk bedürfen DBA der Transformation in nationales (innerstaatliches) Recht. Mit dieser „Ratifikation" (Art. 59 Abs. 2 Satz 1 GG) erlangen diese grundsätzlich Vorrang vor dem sonstigen nationalen Recht (§ 2 AO).

a) Funktionsweise. DBA regeln nicht auf welche Weise die nationale Besteue- **395** rung zu erfolgen hat. Diese bestimmt sich nach den jeweils geltenden nationalen Regeln der Vertragsstaaten. Sie schaffen auch keinen zusätzlichen Steuertatbestand, sondern begrenzen das Besteuerungsrecht, indem sie bestimmen, ob und inwieweit die Vertragsstaaten ihr national bestehendes Besteuerungsrecht bei grenzüberschreitenden Sachverhalten behalten können oder aufgeben müssen. Greift eine Verzichtsnorm des DBA ein, kann der nationale Steueranspruch nicht mehr geltend gemacht werden. Die Wirkung eines DBA entspricht daher aus nationaler Sicht einer sachlichen Steuerbefreiung.

Aus dem Regelungsinhalt von DBA folgt, dass bei grenzüberschreitenden Sachverhalten die DBA-Norm vor der Norm des nationalen Rechts zu prüfen ist. Ordnet das DBA einem Staat das Besteuerungsrecht zu, kann er dieses anschließend nach seinen geltenden nationalen Regeln ausüben.

396   **b) Aufteilung des Besteuerungsrechts.** Die in den DBA bestimmte Aufteilung des Besteuerungsrechts erfolgt in zweierlei Weise:
- Einem der Staaten, entweder dem Ansässigkeits- oder dem Quellenstaat wird das **alleinige Besteuerungsrecht** zugestanden und der andere Staat verzichtet auf die Besteuerung der jeweiligen Einkünfte. Ob der Staat, dem das alleinige Besteuerungsrecht zugestanden wird, dieses auch tatsächlich in Anspruch nimmt, ist für die Geltung des DBA unbeachtlich.
- Einem der Staaten, entweder dem Ansässigkeits- oder Quellenstaat, wird das **vorrangige Besteuerungsrecht** zugestanden und der andere Staat stellt die Einkünfte frei oder rechnet die dort entrichtete Steuer auf die eigene Steuerschuld an.

397   **c) OECD-Musterabkommen.** Deutschland hat derzeit mit ca. 90 Einzelstaaten bilaterale Doppelbesteuerungsabkommen abgeschlossen, darin sind alle Industrienationen und eine Vielzahl von Entwicklungs- und ehemaligen Staatshandelsländern enthalten. Diese derzeit geschlossenen DBA basieren unter Anpassung an die jeweiligen nationalen Besonderheiten vornehmlich auf dem von der OECD entwickelten OECD-Musterabkommen 1963 (OECD-MA), das in einem regelmäßigen Turnus einem Revisionsprozess unterworfen wird, zuletzt 17.7.2008.

398   Das OECD-MA beruht auf der Annahme eines ausgeglichenen Wirtschaftsverkehrs zwischen den Vertragsstaaten, sodass die im Abkommen normierten Verzichtsregeln zwischen den Vertragsstaaten beide Staaten in gleichem Maße betreffen.

399   Kennzeichnend für das OECD-MA ist eine deutliche Präferenz für eine vorrangige Besteuerung im Ansässigkeitsstaat. Eine Quellenbesteuerung wird nur bei enger Bindung der Einkunftsquelle an den Quellenstaat (z. B. bei unbeweglichem Vermögen oder einer Betriebsstätte) eingeräumt. Zur Vermeidung einer Doppelbesteuerung wird entweder die Freistellungs- oder die Anrechnungsmethode vorgeschlagen.

400   Trotz der generellen Vorbildfunktion des OECD-MA ist eine Lösung grenzüberschreitender Aktivitäten nur durch die Anwendung der speziell für die betroffenen Länder geltenden jeweiligen DBA zu ermitteln. Gerade in einzelnen Fragen haben die jeweiligen Länder individuelle Lösungen vereinbart.

Gliederung eines Doppelbesteuerungsabkommens
Geltungsbereich Für wen gilt das DBA Für welche Steuern gilt das DBA
Begriffsbestimmungen Insbesondere Allgemeine Definitionen Ansässigkeit Betriebsstätte
Besteuerung des Einkommens = Einkünftekatalog
Methoden zur Vermeidung der Doppelbesteuerung Anrechnung Freistellung
Besondere Bestimmungen Gleichbehandlung Verständigungsverfahren Informationsaustausch und Amtshilfe Erstattung von Abzugssteuer
Schlussbestimmungen

Abb. 29:   Gliederung eines DBA

d) Ansässigkeitsprinzip. Besondere Bedeutung hat im DBA die Bestimmung **401** der Ansässigkeit, weil nach dem OECD-MA entweder dem Ansässigkeitsstaat oder dem Quellenstaat bei reinem Ansässigkeits- oder Quellenprinzip das jeweilige Besteuerungsrecht allein zusteht oder bei konkurrierendem Besteuerungsprinzip die letztendliche Vermeidung einer Doppelbesteuerung durch Freistellung oder Anrechnung im Ansässigkeitsstaat erfolgt. Hierzu ist es erforderlich, der Person i. S. des DBA nur **eine ausschließende Ansässigkeit** zuzuweisen. Die Anwendung der Ansässigkeit i. S. der DBA vollzieht sich bei natürlichen Personen unter Anwendung einer „tie-breaker-rule" nach Art. 4 Abs. 1 und 2 OECD-MA wie in nachstehender Abbildung dargestellt.

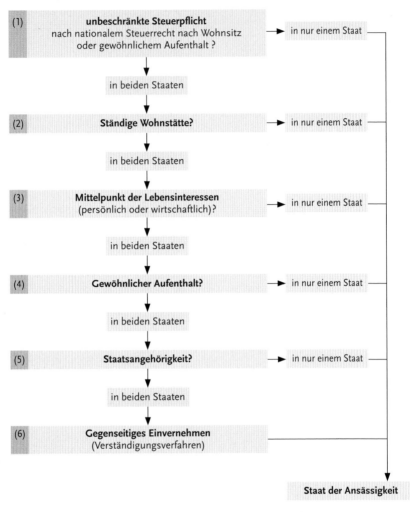

Abb. 30:   Zuweisung der Ansässigkeit für natürliche Personen nach OECD-MA

402   **4. Negative ausländische Einkünfte (§ 2a EStG).** Für unbeschränkt einkommensteuerpflichtige Personen gilt der Grundsatz der Besteuerung nach dem Welteinkommensprinzip (vgl. Rn. 35). Aus diesem Prinzip und dem horizontalen Verlustausgleich (vgl. Rn. 56) folgt, dass positive ausländische Einkünfte die inländische Steuerbemessungsgrundlage (das zu versteuernde Einkommen) erhöhen und negative ausländische Einkünfte die inländische Steuerbemessungsgrundlage mindern. Im Ausland erlittene Verluste können daher grundsätzlich im Inland abgezogen werden, soweit das Besteuerungsrecht nicht durch ein DBA mit Freistellungsmethode ausgeschlossen ist.

403 Der Gesetzgeber hat zur Abwehr von volkswirtschaftlich nicht sinnvoll erachteten Investitionen durch „Steuersparmodelle" in Form von ausländischen Verlustzuweisungsmodellen den Abzug von ausländischen Verlusten bei der deutschen Einkommensermittlung in § 2a EStG ausgeschlossen.

Die Vorschrift gilt aber praktisch nicht innerhalb der Mitgliedstaaten der EU (§ 2a Abs. 2a EStG).

404 Der Ausschluss betrifft Verluste aus nicht produktiven sog. „passiven Tätigkeiten":

- Verluste aus einer ausländischen land- und forstwirtschaftlichen Betriebsstätte (§ 2a Abs. 1 Nr. 1 EStG),
- Verluste aus einer ausländischen gewerblichen Betriebsstätte, die nicht produktiv i. S. von § 2a Abs. 2 EStG ist (§ 2a Abs. 1 Nr. 2 EStG),
- Verluste im Zusammenhang mit Anteilen an ausländischen Kapitalgesellschaften, die nicht produktiv i. S. von § 2a Abs. 2 EStG sind (§ 2a Abs. 1 Nr. 3 und Nr. 4 EStG),
- Verluste aus einer Beteiligung als stiller Gesellschafter oder einem partiarischen Darlehen, wenn der Schuldner Wohnsitz, Sitz oder Geschäftsleitung in einem ausländischen Staat hat (§ 2a Abs. 1 Nr. 5 EStG),
- Verluste aus Vermietung und Verpachtung unbeweglichen Vermögens (§ 2a Abs. 1 Nr. 6 EStG),
- Verluste aus einer zum Betriebsvermögen gehörenden Beteiligung an einer zwischengeschalteten inländischen Kapitalgesellschaft zur Umgehung des Verlustabzugsverbots des § 2a EStG (§ 2a Abs. 1 Nr. 6 EStG).

405 **5. Progressionsvorbehalt (§ 32b Abs. 1 Nr. 2–5 EStG).** Die Aufteilung der Einkünfte bei grenzüberschreitenden Aktivitäten durch DBA erfolgt als gebräuchliche Maßnahme nach der Freistellungsmethode (s. o. Rn. 387). Bei einem progressiv verlaufenden Steuertarif, wie bei der Einkommensteuer führt es dazu, dass der ausländische Gewinne oder Verluste beziehende Steuerpflichtige besser (bei Auslandsgewinnen) oder schlechter (bei Auslandsverlusten) gestellt wird, als ein Steuerpflichtiger der gleich hohe Einkünfte aus einem Staat bezieht. Es entstehen in diesen Fällen ungewollte „Splittingeffekte". Solche Vor-

bzw. Nachteile werden bei unbeschränkt Steuerpflichtige durch den Progressionsvorbehalt des § 32b EStG vermieden.

406 Der Progressionsvorbehalt wird bei grenzüberschreitenden Vorgängen dadurch verwirklicht, dass die ausländischen Einkünfte zwar aus dem im Inland zu versteuernden Einkommen ausscheiden, diese jedoch bei der Bestimmung des anzuwendenden Steuertarifs mit einbezogen werden. Hierzu wird ein besonderer Steuersatz angewandt, der sich anhand der Summe der steuerpflichtigen und der steuerbefreiten, nach nationalem Recht ermittelten ausländischen Einkünften ergibt. Die freigestellten ausländischen Einkünften können positiv (Gewinne) oder negativ (Verluste) sein. Ein positiver Progressionsvorbehalt liegt bei positiven durch DBA freigestellten Einkünften vor. Ein negativer Progressionsvorbehalt liegt bei negativen durch DBA freigestellten Einkünften vor. Hierbei ist zusätzlich eine mögliche Anwendung von § 2a EStG (s. Rn. 402) zu prüfen.

407 **Beispiel** zum positiven Progressionsvorbehalt (aus Rick, Gierschmann et. al. S. 814, Rn. 2391):
Der unbeschränkt steuerpflichtige ledige C hat 2008 neben seinen im Inland erzielten Einkünften weitere Einkünfte aus den Niederlanden, die nach dem deutsch-niederländischen DBA zwar in Deutschland steuerfrei sind, für die Bemessung des Steuersatzes aber berücksichtigt werden können. Danach ergibt sich folgende Einkommensteuer:

Zu versteuerndes Einkommen	15.000 €
Steuerfreie, nur für die Bemessung des Steuersatzes einzubeziehenden Einkünfte aus den Niederlanden	20.000 €
	35.000 €
Steuer (Grundtabelle)	7.458 €

Berechnung des Steuersatzes

$$\frac{7.458 \times 100}{35.000} = 21,3\%$$

Zu versteuerndes Einkommen	15.000 €
Einkommensteuer (21,3 %)	3.195 €

Ohne Anwendung des Progressionsvorbehalts würde die Einkommensteuer in der Grundtabelle 1.542 € betragen.

Beispiel zum negativen Progressionsvorbehalt (aus Rick, Gierschmann et. al. S. 815, Rn. 2393):
Das zu versteuernde Einkommen des ledigen D beträgt 20.000 €. Bei der Ermittlung wurde der Verlust aus einer in Österreich gelegenen gewerblichen Betriebsstätte i. H. von 18.000 € nicht berücksichtigt,

Zu versteuerndes Einkommen	15.000 €
Steuerfreie, nur für die Bemessung	
des Steuersatzes einzubeziehenden	
Einkünfte aus den Niederlanden	20.000 €
	35.000 €
Steuer (Grundtabelle)	7.458 €

Berechnung des Steuersatzes
$$\frac{7.458 \times 100}{35.000} = 21,3\%$$

Zu versteuerndes Einkommen	15.000 €
Einkommensteuer (21,3 %)	3.195 €

Ohne Anwendung des Progressionsvorbehalts würde die Einkommensteuer in der Grundtabelle 1.542 € betragen.

II. Besteuerung beschränkt Steuerpflichtiger in der Einkommensteuer

1. Beschränkte Steuerpflicht. Personen ohne Wohnsitz oder gewöhnlichen Aufenthalt im Inland sind nach § 2 EStG beschränkt steuerpflichtig, wenn sie inländische Einkünfte i. S. des § 49 EStG haben. (s. Rn. 46). **408**

Oftmals bestehen Schwierigkeiten in der Klausur die §§ 34d und 49 EStG auseinander zu halten. Dabei gilt:
- § 34d EStG bestimmt für unbeschränkt Steuerpflichtige (Inländer) die Einkünfte, die als ausländische Einkünfte ermäßigt besteuert werden nach § 34c EStG.
- § 49 EStG bestimmt für beschränkt Steuerpflichtige (Ausländer) die Einkünfte, die als inländische Einkünfte nach §§ 50 und 50a EStG besteuert werden.

409   Die Besteuerung beschränkt Steuerpflichtiger ist von einer Vereinfachung und Objektivierung bestimmt und führt, insbesondere weil persönliche Merkmale unbeachtlich bleiben und deshalb Merkmale der persönlichen Leistungsfähigkeit im Wesentlichen unbeachtet bleiben, im Regelfall zu einer Schlechterstellung beschränkt Steuerpflichtiger gegenüber unbeschränkt Steuerpflichtigen.

410   **2. Katalog der steuerpflichtigen Einkünfte.** Die inländischen Einkünfte, die einer beschränkten Steuerpflicht unterliegen, werden in § 49 EStG abschließend aufgezählt. Der Aufbau der Norm folgt grundsätzlich der Gliederung des Einkünftekatalogs des § 2 Abs. 1 EStG, schafft aber darüber hinaus zusätzliche Tatbestandsmerkmale, die erfüllt sein müssen.

Es müssen nur die inländischen Einkünfte versteuer werden. Das bedeutet, dass zweierlei zu prüfen ist:
- Einkünfte i. S. d. § 2 Abs. 1 EStG
- Ein Inlandsmerkmal i. S. d. § 49 EStG

411   Der beschränkten Steuerpflicht unterliegen die nachfolgend aufgezählten Einkünfte.

412   **a) Einkünfte aus einer im Inland betriebenen Land- und Forstwirtschaft (§ 49 Abs. 1 Nr. 1 EStG).** Nach allgemeiner Auffassung wird eine Land- und Forstwirtschaft (§ 13 und 14 EStG) dort betrieben, wo die bewirtschafteten Grundstücke belegen sind und nicht am Ort der Leitung.

413   **b) Einkünfte aus Gewerbebetrieb (§ 49 Abs. 1 Nr. 2 a) bis f) EStG).** Einkünfte aus Gewerbebetrieb unterliegen der beschränkten Steuerpflicht, wenn:
- für den Gewerbebetrieb im Inland eine Betriebsstätte unterhalten wird oder ein inländischer Vertreter bestellt ist (§ 49 Abs. 1 Nr. 2 a) EStG),
- die Einkünfte aus dem Betrieb eigener oder gecharterter Seeschiffe oder Luftfahrzeuge erzielt werden aus Beförderungen zwischen inländischen zu ausländischen Häfen einschließlich der Einkünfte aus anderen mit diesen Einkünften zusammenhängenden inländischen Beförderungsleistungen (§ 49 Abs. 1 Nr. 2 b) EStG),
- sie von einem Unternehmen erzielt werden im Rahmen einer internationalen Betriebsgemeinschaft oder eines Pool-Abkommens, bei dem ein Unternehmen mit Sitz oder Geschäftsleitung im Inland die Beförderung entsprechend Buchstabe b) durchführt (§ 49 Abs. 1 Nr. 2 c) EStG),
- sie durch im Inland ausgeübte oder verwertete künstlerische, sportliche, artistische oder ähnliche Darbietung erzielt werden einschließlich anderer

damit zusammenhängender Leistungen mit Ausnahme der in § 49 Abs. 1 Nr. 3 und 4 EStG aufgeführten Einkünfte (§ 49 Abs. 1 Nr. 2 d) EStG),

- es sich um Einkünfte aus der Veräußerung von Anteilen an einer Kapitalgesellschaft (i. S. von § 17 EStG) handelt mit Sitz oder Geschäftsleitung im Inland (§ 49 Abs. 1 Nr. 2 e) EStG), oder

- es sich um Einkünfte handelt aus der Veräußerung von unbeweglichem Vermögen, Sachinbegriffen oder im Inland belegenen eingetragenen Rechten oder aus deren Verwertung in einer inländischen Betriebsstätte, sofern diese nicht nach Buchstabe a) als Einkünfte aus Gewerbebetrieb zu behandeln sind (§ 49 Abs. 1 Nr. 2 f) EStG).

Eine **Betriebsstätte** ist nach § 12 Satz 1 AO eine feste örtliche Anlage oder Geschäftseinrichtung, die der Tätigkeit eines Unternehmens dient und über die der Steuerpflichtige Verfügungsmacht besitzt. Als zusätzliche Bedingung muss eine örtlich gebundene, dem Betrieb dienende menschliche Tätigkeit hinzukommen (BFH, Urt. v. 10.5.1961 IV 155/60 U, BStBl. III, 1961, 317). Als Betriebsstätten gelten insbesondere die in § 12 Satz 2 AO aufgeführten Einrichtungen. **414**

Die Feststellung einer Betriebsstätte als steuerliches Tatbestandsmerkmal spielt für die Gewerbesteuer wegen der Erhebungshoheit der Gemeinden eine besondere Rolle. Die rechtlichen Aussagen zum Merkmal einer Betriebsstätte finden sich daher auch im Gewerbesteuerrecht z. B. in den Gewerbesteuerrichtlinien.

Beispiel (aus Rick, Gierschmann et al. Lehrbuch der Einkommensteuer S. 900 Rn. 2363): **415**
Der in Venlo (Niederlande) wohnhafte N betreibt einen Groß- und Einzelhandel mit Blumen. Von der Stadtverwaltung Krefeld hat er einen Marktschein erhalten, der ihn berechtigt, auf dem jeweils donnerstags stattfindenden Wochenmarkt in Krefeld an einem ihm regelmäßig zur Verfügung stehenden bestimmten Marktstand Blumen an Endverbraucher zu verkaufen.
Der Händler N ist in Deutschland beschränkt steuerpflichtig mit seinen Einkünften aus dem Blumenverkauf. Die Marktverkaufsstelle in Krefeld stellt eine Betriebsstätte des N dar. Die aus dem Blumenverkauf erzielten gewerblichen Einkünfte sind in Deutschland nach § 49 Abs. 1 Nr. 2 a) EStG zu versteuern.

Inländische Einkünfte i. S. von § 49 Abs. 1 Nr. 2 a) EStG liegen auch vor, wenn im Inland ein **ständiger Vertreter** bestellt ist. Nach § 13 AO ist als ständiger Ver- **416** treter eine Person anzusehen, die für den ausländischen Unternehmer nachhaltig die Geschäfte besorgt und dabei dessen Weisungen unterliegt.

417 **c) Einkünfte aus selbständiger Tätigkeit (§ 49 Abs. 1 Nr. 3).** Einkünfte aus selbständiger Tätigkeit unterliegen der beschränkten Steuerpflicht, wenn sie im Inland ausgeübt oder verwertet worden sind oder für die im Inland eine feste Einrichtung oder eine Betriebsstätte (s. o. Rn. 414) unterhalten wird.

418 Die Tätigkeit wird **im Inland ausgeübt**, wenn der Steuerpflichtige dort im Rahmen seiner selbständigen Tätigkeit persönlich tätig wird. Die Tätigkeit wird **im Inland verwertet**, wenn das körperliche oder geistige Arbeitsprodukt zwar nicht im Inland erstellt wird, aber der wirtschaftliche Erfolg der inländischen Volkswirtschaft unmittelbar zu dienen bestimmt ist.

In vielen DBA ist angeordnet, dass beschränkt Steuerpflichtige die Einkünfte aus selbständiger Arbeit versteuern müssen, wenn sie im Inland ausgeübt wurde, aber nicht, wenn sie lediglich im Inland verwertet worden ist (vgl. BMF-Schreiben vom 14.9.2006, BStBl. I 2006, 532).

419 **d) Einkünfte aus nichtselbständiger Arbeit (§ 49 Abs. 1 Nr. 4 EStG).** Die beschränkte Steuerpflicht der Einkünfte nach § 19 EStG ist ebenfalls davon abhängig, dass sie im Inland ausgeübt oder verwertet wird. Dies ist unbeachtlich, wenn das Gehalt oder die Pension von einer inländischen öffentlichen Kasse gezahlt wird.

420 Unter **Verwertung** der Tätigkeit im Inland versteht man den Vorgang, durch den der Arbeitnehmer das Ergebnis seiner nichtselbständiger Arbeit seinem Arbeitgeber zuführt, d. h. für ihn nutzbar macht.

Die DBA schließen i. d. R. das Besteuerungsrecht des Staates, in dem die nichtselbständige Arbeit nur lediglich verwertet wird, aus und weisen dem Wohnsitzstaat das Besteuerungsrecht zu.

421 **e) Einkünfte aus Kapitalvermögen (§ 49 Abs. 1 Nr. 5 EStG).** Nach der Vorschrift kommen im Rahmen der beschränkten Steuerpflicht folgende Einkunftsarten als inländische Einkünfte in Betracht:

- Einkünfte i. S. des § 20 Abs. 1 Nr. 1, 2, 4, 6, 9 EStG, wenn der Schuldner Wohnsitz, Sitz, oder Geschäftsleitung im Inland hat;
- Einkünfte i. S. des § 20 Abs. 1 Nr. 5 und 7 EStG, wenn die Kapitalforderungen durch inländischen Grundbesitz oder diesem gleichgestellten inländischen Recht unmittelbar oder mittelbar gesichert sind.

- Erträge aus nicht durch Grundstücke gesicherten Kapitalforderungen (Darlehenszinsen, Zinsen aus Bankguthaben oder aus festverzinslichen Wertpapieren) können ausländische Investoren unversteuert genießen.

Beispiel: **422**
Der in Frankreich wohnende N hat bei der Sparkasse in Baden-Baden ein Sparkonto errichtet. Die aus dem Sparguthaben fließenden Zinsen sind keine inländischen Einkünfte, weil die Kapitalforderung weder unmittelbar noch mittelbar dinglich gesichert ist.

Nach den DBA wird das Besteuerungsrecht für Einkünfte aus Kapitalvermögen   **423** grundsätzlich nach dem Wohnsitzprinzip dem Wohnsitzstaat zugeteilt.

f) Einkünfte aus Vermietung und Verpachtung (§ 49 Abs. 1 Nr. 6 EStG). Die   **424** Vorschrift erfasst die Einkünfte aus einer zeitlich begrenzten Überlassung der in § 21 EStG aufgeführten Wirtschaftsgüter zur Nutzung für

- unbewegliches Vermögen (einschließlich Schiffe),
- Sachinbegriffe (z. B. Betriebsinventar) sowie
- Rechte i. S. v. § 21 Abs. 1 Nr. 1 und 3 EStG.

Der sachliche Inlandsbezug als zusätzliche Voraussetzung wird durch die Be-   **425** legenheit im Inland hergestellt.

Beispiel: **426**
Der in Spanien wohnende S hat dem in Mannheim ansässigen F eine zeitlich begrenzte Lizenz für verschiedene Schutzrechte in Deutschland, in Dänemark und in Schweden erteilt. F darf in seiner Betriebsstätte in Mannheim nach dieser Lizenz Artikel herstellen und in den genannten Ländern vertreiben.
Die von F an S zu zahlenden Lizenzgebühren sind von S als inländische Einkünfte nach § 49 Abs. 1 Nr. 6 EStG zu versteuern.

Die Besteuerung einer Rechteveräußerung wird erfasst nach § 49 Abs. 1 Nr. 2 f) EStG.

g) Sonstige Einkünfte (§ 49 Abs. 1 Nr. 1–10 EStG). Nach dieser Vorschrift wer-   **427** den die folgenden inländischen Einkünfte erfasst:
- Einkünfte aus wiederkehrenden Bezügen (§ 49 Abs. 1 Nr. 7 i. V. m. § 22 Nr. 1 Satz 3 a) EStG), wenn sie von inländischen gesetzlichen Rentenversiche-

rungsträgern, Versorgungsträgern Versicherungsunternehmen oder Zahlstellen gewährt wurden;
- Einkünfte aus Veräußerungsgeschäften (§ 49 Abs. 1 Nr. 8 i. V. m. § 22 Nr. 2, § 23 EStG) wenn im Inland belegene Grundstücke oder grundstücksgleiche Rechte veräußert wurden;
- Einkünfte aus Abgeordnetenbezügen;
- Einkünfte aus sonstigen Leistungen (§ 49 Abs. 1 Nr. 9 i. V. m. § 2 Nr. 3 EStG), sofern sie aus der Nutzung beweglicher Sachen im Inland bestehen, oder aus der Nutzungsüberlassung gewerblicher Kenntnisse oder Fähigkeiten;
- Leistungen aus Pensionsfonds, Pensionskassen und Direktversicherungen (§ 49 Abs. 1 Nr. 10 i. V. m. § 22 Nr. 5 Satz 1 EStG),soweit sie auf im Inland steuerfrei gestellten Beiträgen oder Zuwendungen beruhen.

 In der Regel sehen die DBA keine Regelungen für sonstige Einkünfte i. S. des § 49 Abs. 1 EStG vor. Sofern die DBA diese Einkünfte unter anderen Begriffen subsumieren, gelten diese Begriffsbestimmungen für die Maßnahmen zur Vermeidung einer Doppelbesteuerung. Bestehen keine Regelungen im DBA, kann eine Doppelbesteuerung nur durch § 34c EStG vermieden werden.

428 **3. Isolierende Betrachtungsweise (§ 49 Abs. 2 EStG).** Die Zuordnung der Einkünfte zu den einzelnen Einkunftsarten des § 49 EStG richtet sich wegen des objektsteuerlichen Charakters der beschränkten Steuerpflicht danach, wie sich die Einkünfte vom Inland aus gesehen darstellen (BFH, Urt. v. 20.1.1959 I 112/ 57 S, BStBl. III 1959, 133 ⊙) mit Verweis auf die Rechtsprechung des BFH.

429 Beispiel:
Ein ausländisches Unternehmen unterhält bei einer deutschen Bank ein Wertpapierdepot mit Aktien deutscher Unternehmen und erzielt hieraus Dividendeneinkünfte.
Die an sich gewerblichen Einkünfte können nicht als gewerbliche Einkünfte im Inland erfasst werden, weil keine inländische Betriebsstätte des ausländischen Unternehmens besteht. Nach § 49 Abs. 2 EStG bleibt aber das ausländische Besteuerungsmerkmal „Zuordnung zum Betrieb" außer Betracht. Nach dieser isolierenden Betrachtungsweise erfolgt eine Zuordnung der Einkünfte nach ausschließlich inländischen Kriterien zu den Einkünften aus Kapitalvermögen (Dividende einer inländischen Kapitalgesellschaft) und ist steuerpflichtig nach § 49 Abs. 1 Nr. 5 a) EStG.

4. Sondervorschriften für die Veranlagung (§ 50 EStG). Bei beschränkt Steuer- **430** pflichtigen erfolgt eine Erweiterung des Quellenabzugs (z. B. Lohnsteuer, Kapitalertragsteuer). Die Quellensteuerabzüge haben grundsätzlich Abgeltungswirkung (§ 50 Abs. 2 und § 50a EStG). Soweit eine Veranlagung erfolgt, werden Betriebsausgaben oder Werbungskosten nur berücksichtigt, soweit sie mit inländischen Einkünften in wirtschaftlichem Zusammenhang stehen (§ 50 Abs. 1 Satz 1 EStG). Pauschbeträge werden nicht gewährt (§ 50 Abs. 1 Satz 1 EStG). Persönliche Verhältnisse in Gestalt von Sonderausgaben (§§ 10 ff. EStG) und außergewöhnlichen Belastungen (§§ 33 ff. EStG) können nicht berücksichtigt werden. Freibeträge werden nicht gewährt (§§ 32 ff. EStG). Tarifvergünstigungen und ähnliche Vergünstigungen werden nach § 50 Abs. 3 EStG ebenfalls nicht gewährt. Dies gilt insbesondere für die Anwendung des Splittingtarifs (§ 32 EStG).

Die folgende Tabelle gibt einen Überblick über die für beschränkt Steuerpflich- **431** tige nicht anwendbaren Vorschriften.

Tab. 10:   Einschränkungen der Abzugsmöglichkeiten für beschränkt Steuerpflichtige

Vorschrift	Einschränkung	Eingeschränkt durch
§§ 4 Abs. 4 bis 8 EStG	Abzug nur in Zusammenhang mit inländischen Einkünften	§ 50 Abs. 1 Satz 1 EStG
§ 32a Abs. 1 EStG	Kein Grundfreibetrag	§ 50 Abs. 1 Satz 2 EStG
§ 9 Abs. 5 Satz 1 EStG	Keine Anwendung von § 9c Abs. 1 und 3 EStG mit Ausnahme nach § 50 Abs. 1 Satz 4 EStG	§ 50 Abs. 1 Satz 3 EStG
§ 9 EStG	Keine Anwendung	§ 50 Abs. 1 Satz 3 EStG
§ 9a Satz 1 Nr. 1 EStG	Nur zeitanteilig	§ 50 Abs. 1 Satz 5 EStG
§§ 10, 10a, 10c EStG	Keine Anwendung mit Ausnahme für § 10 Abs. 1 Nr. 2 und 3; § 10c EStG nach § 50 Abs. 1 Satz 4 EStG sowie nur anteilig nach § 50 Abs. 1 Satz 5 EStG	§ 50 Abs. 1 Satz 3 EStG
§ 16 Abs. 4 EStG	Keine Anwendung	§ 50 Abs. 1 Satz 3 EStG
§ 24b EStG	Keine Anwendung	§ 50 Abs. 1 Satz 3 EStG
§ 32, 32a Abs. 6 EStG	Keine Anwendung	§ 50 Abs. 1 Satz 3 EStG
§§ 33, 33a, 33b, 35a EStG	Keine Anwendung	§ 50 Abs. 1 Satz 3 EStG

III. Grundbegriffe des Außensteuergesetzes (AStG)

432   **1. Zielsetzung des AStG.** Ein besonderes Problem von Hochsteuerländern ist die Steuerflucht in Niedrigsteuerländer (vgl. Lang in Tipke/Lang § 2 Rn. 38). Das Außensteuergesetz ist ein Maßnahmengesetz, das zum Ziel hat, die in der Bundesrepublik Deutschland erwirtschafteten Einkommen und Vermögen dem deutschen Steuerzugriff trotz entgegenwirkender Gestaltungen zu unterwerfen. Das Außensteuergesetz tritt ergänzend zu den anderen Steuergesetzen hinzu, die die Besteuerung von Auslandsbeziehungen regeln. Es enthält für bestimmte Fälle, in denen eine Ausnutzung des internationalen Steuergefälles als Anlass einer „Steuerflucht" vermutet wird, ergänzende verschärfende Besteuerungsregeln.

Das Außensteuergesetz wird ergänzt durch ein ausführliches, erläuterndes Anwendungsschreiben (Schreiben betr. Grundsätze zur Anwendung des Außensteuergesetzes vom 14. Mai 2004, BStBl. I Sondernr. 1/2004 S. 3 ●).

433   Die Abkommen zur Vermeidung von Doppelbesteuerungen (DBA) stehen der Anwendung des Außensteuergesetzes nicht entgegen. Es enthält materielle und formelle Bestimmungen.

434   **2. Materielle Bestimmungen.** Die Bestimmung, wann die Ausnutzung internationalen Steuergefälles als beherrschendes Motiv anzusehen ist, dem das Gesetz entgegenwirken soll, wird anhand von objektivierten Tatbestandsmerkmalen vorgenommen. Diese werden jeweils in eigenen Abschnitten behandelt. Die nachfolgende Abbildung gibt einen Überblick:

Abb. 31: Materielle Vorschriften des Außensteuergesetzes (in Anlehnung an Schmidt, Sigloch Henselmann a. a. O. S. 218)

a) Berichtigung von Einkünften (§ 1 AStG). Die Vorschrift dient der Berichti- **435** gung von (geminderten) Einkünften bei grenzüberschreitenden Geschäftsbeziehungen mit nahestehenden Personen, die zu Bedingungen erfolgen, die unabhängige Dritte nicht vereinbart hätten. Die Vorschrift ergänzt andere gesetzliche Regelungen der Spezialgesetze (EStG, KStG) und gilt subsidiär.

Beispiel: **436**
Ein inländisches Tochterunternehmen liefert an die ausländische Muttergesellschaft Waren zu einem unangemessenen niedrigen Preis.
Handelt es sich bei dem Tochterunternehmen um eine Kapitalgesellschaft, so liegt eine verdeckte Gewinnausschüttung vor, die nach § 8 KStG den Gewinn nicht mindern darf.
Handelt es sich bei dem Tochterunternehmen um eine Personengesellschaft, kommt eine verdeckte Gewinnausschüttung nicht in Betracht. Nach § 1 AStG erfolgt aber eine Gewinnkorrektur.

Damit ergibt sich folgende Prüfungsreihenfolge (Abb. 32):

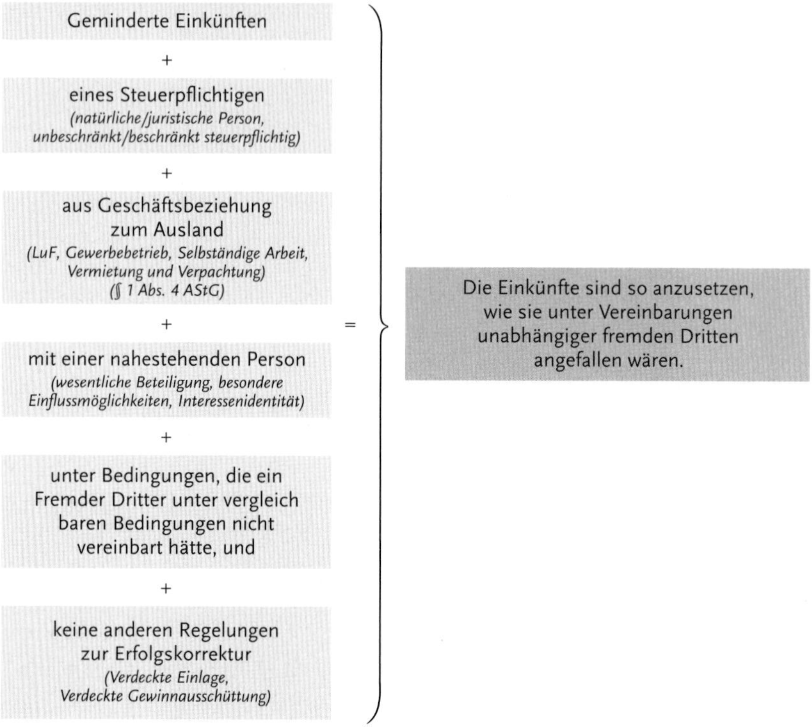

Geminderte Einkünften

+

eines Steuerpflichtigen
*(natürliche/juristische Person,
unbeschränkt/beschränkt steuerpflichtig)*

+

aus Geschäftsbeziehung
zum Ausland
*(LuF, Gewerbebetrieb, Selbständige Arbeit,
Vermietung und Verpachtung)
(§ 1 Abs. 4 AStG)*

+

mit einer nahestehenden Person
*(wesentliche Beteiligung, besondere
Einflussmöglichkeiten, Interessenidentität)*

+

unter Bedingungen, die ein
Fremder Dritter unter vergleich
baren Bedingungen nicht
vereinbart hätte, und

+

keine anderen Regelungen
zur Erfolgskorrektur
*(Verdeckte Einlage,
Verdeckte Gewinnausschüttung)*

= Die Einkünfte sind so anzusetzen, wie sie unter Vereinbarungen unabhängiger fremden Dritter angefallen wären.

Abb. 32:   Prüfung der Anwendung von § 1 AStG

437   **b) Erweiterte beschränkte Steuerpflicht (§§ 2–5 AStG).** Die Regelungen erweitern die Anwendung der beschränkt steuerpflichtigen Einkünfte, wenn ein Wohnsitzwechsel oder der gewöhnliche Aufenthalt in ein niedrig besteuerndes Gebiet („Steueroase") vorgenommen wird. Wenn der Steuerpflichtige danach noch weiter wirtschaftliche Interessen in Deutschland besitzt, wird der durch diese „Steuerflucht" erzielte Besteuerungsgewinn der inländischen Besteuerung unterworfen. Dies geschieht, indem der Umfang der Besteuerung auf alle inländischen Einkommensteile ohne Berücksichtigung eines zusätzlichen Inlandsbezugs ausgedehnt wird.

Beispiel: **438**
Der Steuerpflichtige S, der in eine „Steueroase" ausgewandert ist, erzielt Zinsen aus einer Darlehensforderung gegenüber einem Inländer.
Diese Zinsen würden nur eine Besteuerung nach § 49 Abs. 1 Nr. 5 a) EStG auslösen, wenn die Darlehensforderung durch inländischen Grundbesitz gesichert wäre.
Liegen dagegen die Voraussetzungen der erweiterten beschränkten Steuerpflicht vor, werden die Zinsen als steuerpflichtige inländische Einkünfte besteuert.

aa) Persönliche Voraussetzungen (§ 2 Abs. 1 AStG). In persönlicher Hinsicht **439**
setzt die erweiterte beschränkte Steuerpflicht voraus, dass
- eine natürliche Person
- in den letzten zehn Jahren vor Beendigung der unbeschränkten Steuerpflicht mindestens fünf Jahre
- als Deutscher
- unbeschränkt steuerpflichtig
gewesen ist.

bb) Sachliche Voraussetzungen (§ 2 Abs. 2 AStG). In sachlicher Hinsicht setzt **440**
die erweiterte beschränkte Steuerpflicht voraus, dass
- der Steuerpflichtige in einem niedrig besteuernden Ausland oder in keinem Land (z. B. als „Weltreisender") ansässig ist und
- auch nach seinem Wegzug wesentliche wirtschaftliche Interessen im Inhalt beibehält.

Eine **niedrige Besteuerung** wird nach § 2 Abs. 2 AStG widerlegbar vermutet, **441**
wenn die Besteuerung im Ausland um 1/3 geringer ist als im Inland oder im Ausland durch eine besondere Vorzugsbesteuerung erheblich gemindert ist.

Wesentliche wirtschaftliche Interessen im Inland liegen nach § 2 Abs. 3 AStG **442**
vor, wenn unternehmerische oder beteiligungsmäßige Tatbestände im Inland beibehalten werden oder bestimmte inländische Einkommens- oder Vermögensgrenzen überschritten sind.

cc) Rechtsfolge (§ 2 Abs. 5 AStG). Für den Bereich der Einkommensteuer wird **443**
die beschränkte Steuerpflicht erweitert durch
- Erweiterung des Umfangs der steuerpflichtigen Einkünfte über § 49 Abs. 1 EStG hinaus auf alle Einkünfte, die bei unbeschränkter Einkommensteuerpflicht nicht zu den ausländischen Einkünften (§ 34d EStG) rechnen,

- weltweiten Progressionsvorbehalt,
- keine Abgeltungswirkung von Quellensteuern nach § 50a EStG,
- Höchstbesteuerung in Höhe der Steuer bei unbeschränkter Steuerpflicht (§ 2 Abs. 6 AStG).

444   **c) Vermögenszuwachsbesteuerung (§ 6 AStG).** Beteiligungen i. S. von § 17 EStG werden nach dieser Vorschrift nicht erst bei der Veräußerung besteuert, sondern bereits im Zeitpunkt der Beendigung der unbeschränkten Steuerpflicht (z. B. bei Aufgabe des Wohnsitzes oder des gewöhnlichen Aufenthaltes). Die Regelung verhindert, durch die sofortige **Steuerentstrickung** ein Aufschieben bzw. den Verlust der Besteuerung, weil die meisten DBA das Besteuerungsrecht in diesem Fall dem Wohnsitzstaat zuweisen.

445   **aa) Persönliche Voraussetzungen (§ 6 Abs. 1 Satz 1 AStG).** Die Vorschrift findet Anwendung für

- natürliche Personen, die
- insgesamt mindestens zehn Jahre unbeschränkt steuerpflichtig waren.

446   **bb) Sachliche Voraussetzung** der Vermögenszuwachsbesteuerung nach § 6 Abs. 1 Satz 1 AStG ist die Aufgabe des Wohnsitzes oder des gewöhnlichen Aufenthalts. Zur Verhinderung von Umgehen gelten die Ersatztatbestände nach § 6 Abs. 1 Satz 2 AStG:

- unentgeltliche Übertragung der Anteile auf nicht unbeschränkt Steuerpflichtige,
- Begründung eines Doppelwohnsitzes in einem DBA-Staat,
- Einlage der Anteile in einen ausländischen Betrieb oder eine Betriebsstätte, wenn nach DBA das Besteuerungsrecht erlischt,
- Tausch der Anteile gegen Anteile an ausländischen Kapitalgesellschaften.

447   **d) Hinzurechnungsbesteuerung (§§ 7–14 AStG).** Unbeschränkt Steuerpflichtige können sich einer Besteuerung zumindest temporär entziehen, wenn sie Einkünfte in eine ausländische Kapitalgesellschaft (vorzugsweise in einem Niedrigsteuerland) verlagern. Nach dem Trennungsprinzip werden juristische Personen als eigenständige Steuersubjekte behandelt, sodass die Einkünfte dadurch nicht im Inland erfasst werden. Ziel der Hinzurechnungsbesteuerung ist es daher, die „Abschirmwirkung" der ausländischen Kapitalgesellschaft in bestimmten, als missbräuchlich angesehenen Fällen, aufzuheben.

448   **aa) Persönliche Voraussetzung (§ 7 AStG).** Persönliche Voraussetzungen einer Hinzurechnungsbesteuerung sind

- unbeschränkte oder erweiterte beschränkte Steuerpflicht,

- unmittelbare oder mittelbare Beteiligung von mehr als 50 % oder entsprechende Stimmrechte an einer ausländischen Gesellschaft, bei Kapitalanlagegesellschaft bereits ab 1 % bzw. einem Anteil.

bb) Sachliche Voraussetzung (§§ 8 und 9 AStG). Für die Kapitalgesellschaft (sog. **449** „Zwischengesellschaft") gelten folgende Bedingungen:
- Nur **„passive" (schädliche) Einkünfte** der Zwischengesellschaft unterliegen der Hinzurechnungsbesteuerung. Zur Abgrenzung aktiver und passiver Einkünfte enthält § 8 Abs. 1 AStG einen schwer zu lesenden Aktivitätenkatalog mit Ausnahmen und Rückausnahmen. Allgemein werden Einkünfte aus Erzeugung, Bearbeitung, Montage, Handel und Dienstleistungen als aktive Einkünfte, Einkünfte aus Vermögen aber auch Vermietung und Verpachtung grundsätzlich als passive Einkünfte angesehen.
- Die Einkünfte der Zwischengesellschaft unterliegen einer **niedrigen Besteuerung** (§ 8 Abs. 3 AStG). Diese liegt vor, bei weniger als 25 % Ertragsteuern auf die Einkünfte der ausländischen Gesellschaft.

cc) Rechtsfolge (§§ 10–14 AStG). Sind die Voraussetzungen einer Hinzurech- **450** nungsbesteuerung erfüllt, erfolgt eine Hinzurechnung der in der ausländischen Gesellschaft erwirtschafteten passiven Einkünfte zu den Einkünften der Anteilseigner. Umfang und Technik regeln §§ 10–14 AStG. Ziel der Bestimmungen ist, den Anteilseigner so zu stellen, als ob er die Einkünfte selbst erzielt hätte (sog. „Direkterzielungsfiktion").

Vereinfacht ergibt sich der Hinzurechnungsbetrag entsprechend folgendem **451** Beispiel:

Beispiel: **452**
Eine steuerpflichtige Kapitalgesellschaft erzielt Zwischengewinne i. H. v. 100, auf die 20 ausländische Steuern entfallen.

Passive Einkünfte	100
abzgl. ausländische Steuern	– 20
Hinzurechnungsbetrag	80
abzgl. Verlustabzug	0
Hinzurechnungsbetrag	80
Erhöhung um ausländische Steuer	+ 20
Hinzurechnung	100
Steuer auf die Hinzurechnung (z. B.)	– 38
abzgl. Anrechnung ausländische Steuer	– 20
Verbleibende Hinzurechnungssteuer	18

453   **e) Besteuerung von Familienstiftungen (§ 15 AStG).** Mit der Vorschrift soll verhindert werden, dass Vermögen auf ausländische „eignerlose" Rechtsformen verlagert, und so auf Dauer der inländischen Besteuerung entzogen wird. Nach § 15 Abs. 1 AStG wird deshalb das Vermögen und das Einkommen von im Ausland ansässigen Familienstiftungen den unbeschränkt steuerpflichtigen Begünstigten (Destinatären) zugerechnet. Gleiches gilt für nach § 15 Abs. 3 AStG bestimmte Unternehmensstiftungen.

454   **3. Formelle Bestimmungen (§§ 16–18 AStG).** Das Außensteuergesetz enthält abschließend eine Reihe von formellen Bestimmungen, die die Vorschriften der Abgabenordnung (AO) im internationalen Kontext ergänzen:

- § 16 AStG bestimmt ergänzend die vollständige Benennungspflicht von ausländischen Geschäftspartnern und der Art der Beziehung.
- § 17 AStG verpflichtet den Steuerpflichtigen zu einer erhöhten Sachverhaltsaufklärung. Alle Geschäftsbeziehungen mit ausländischen Gesellschaften sind zu offenbaren und sachdienliche Unterlagen der ausländischen Gesellschaften sind vorzulegen.
- § 18 AStG regelt die gesonderte Feststellung der Besteuerungsgrundlagen für die Feststellung der Zwischeneinkünfte i. S. der §§ 7–14 AStG der örtlichen Zuständigkeit und der Verpflichtung zur Abgabe entsprechender Erklärungen.

Stichwortverzeichnis

Die Ziffernangaben beziehen sich auf die Randnummern des Buches.

2010. 146 Seiten mit 12 Abb. und
18 Tab. Inkl. CD-ROM. Kart.
€ 17,90
ISBN 978-3-17-020935-0
Kompass Recht

Walter Mayer

Steuerrecht I

Bewertungsrecht, Erbschaftsteuerrecht, Grundsteuer

Das Werk stellt die ab dem 1.1.2009 geltenden Vorschriften (unter Berücksichtigung des sog. Wachstumsbeschleunigungsgesetzes Ende 2009) zur Bewertung und Besteuerung wissenschaftlich fundiert und praxisorientiert dar und erläutert sie anhand zahlreicher Tabellen und Beispiele im Kontext mit den zivilrechtlichen Grundlagen. Dadurch deckt das Werk die **gesamte Materie des Bewertungsrechts** und des **Erbschaft- und Schenkungsteuerrechts** ab. Ergänzt wird das Werk durch eine zusammenfassende Darstellung der Grundsteuer.

Die beiliegende CD enthält **eine Hörfassung** des Buchinhalts (MP3), die im Buch in Bezug genommenen Entscheidungen und Normen, einen **interaktiven Fall** und einen **Multiple-Choice-Test** zur Überprüfung des Gelernten.

De Autor:
Walter Mayer ist Professor für Steuern und Prüfungswesen an der Dualen Hochschule Baden-Württemberg Mannheim und als Wirtschaftsprüfer und Steuerberater tätig.

W. Kohlhammer GmbH · 70549 Stuttgart · www.kohlhammer.de

2010. XXXII, 291 Seiten. Kart.
€ 25,–
ISBN 978-3-17-019435-9
Studienreihe Rechtswissenschaften

Georg Jochum

Steuerrecht I

Grundlagen, Allgemeines Steuerrecht, Internationales Steuerrecht

Der erste von zwei Bänden zum Steuerrecht behandelt die **Grundlagen des Steuerrechts**. Grundbegriffe sind umfassend erläutert und die verfassungs-rechtlichen und steuersystematischen Grundlagen dargestellt. Ein weiterer Schwerpunkt ist das **Allgemeine Steuerrecht** und das **Verfahrensrecht der AO**. In Grundzügen ist auch das Internationale Steuerrecht Gegenstand. Das Werk ist somit gleichermaßen zur Einführung in das Steuerrecht als auch zur Wiederholung im Rahmen des Staatsexamens geeignet. Im Anhang sind wichtige Prüfungsschemata, Übersichten und Definitionen aufgenommen, die den Zugang zu der Materie erleichtern.

Die Autoren:
Professor Dr. Georg Jochum ist Inhaber des Lehrstuhls für Europarecht und Internationales Recht der Regulierung an der Zeppelin Universität Friedrichshafen.

W. Kohlhammer GmbH · 70549 Stuttgart · www.kohlhammer.de

2010. 154 Seiten. Inkl. CD-ROM. Kart.
€ 17,90
ISBN 978-3-17-020940-4
Kompass Recht

Michael Beurskens

BGB I: Vertragsrecht

Schuldrecht, Allgemeiner und Besonderer Teil

Anhand zahlreicher **Beispiele** und **Schaubilder** stellt das Buch für Studenten zur Einführung sowie für Praktiker vorrangig die maßgeblichen Regelungen des Schuldrechts dar, außerdem dessen systematischen Zusammenhang mit dem Allgemeinen Teil des Bürgerlichen Gesetzbuchs. Alle wichtigen rechtlichen Fragestellungen der unterschiedlichen Vertragsformen – vom Kaufvertrag über den Mietvertrag bis hin zum (Pauschal-)Reisevertrag – werden **wissenschaftlich fundiert, praxisorientiert und verständlich** erläutert. Die **beiliegende CD** enthält **eine Hörfassung** des Buchinhalts (MP3), die im Buch in Bezug genommenen Urteile und Regelungen des BGB, **ca. 50 Schaubilder** und **Übersichten, interaktive Fälle** und einen **Multiple-Choice-Test** zur Überprüfung des Gelernten.

De Autor:
Dr. Michael Beurskens, LL.M., ist Akademischer Rat (a.Z.) an der Heinrich-Heine Universität Düsseldorf.

W. Kohlhammer GmbH · 70549 Stuttgart · www.kohlhammer.de